KB141235

긍정과 열정의 삶을 배운다

희망학교

김미희 지음

긍정과 열정의 삶을 배운다 희망학교

크레벤지식서비스

사랑하는 나의 가족과

이미지 메이킹을 알게 해주신 김경호 교수님

가장 힘들 때 손을 내밀어 주신 H마트의 양구욱 차장님

늘 옆에서 물심양면으로 도와준 유희 선생님과

제가 이 자리에 설 수 있도록 힘을 돋워주신

정신적 지주 윤영기 선생님께 이 책을 드립니다.

내가 나를 믿었을 때 나는 걸을 수 있었다

항상 밝은 표정을 하고 있는 나를 보고 사람들은 자신들의 마음도 덩달아 밝아진다고 한다. 그러면서 어떻게 그렇게 늘 한결같이 밝게 웃을 수 있느냐고 묻는다. 그 말은 내가 하체를 자유롭게 쓰지 못하는 장애를 지녔음에도 불구하고 좌절이나 절망의 흔적이 나타나지 않는다는 것이기도 하다.

그렇다. 나는 지금 걷는 것도 겨우 할 정도로 불편한 다리를 가지고 있다. 적어도 몇 년 전까지만 해도 나는 직장에서 인정받고 휴일이면 등산을 하고 운동을 하며 열정적으로 살아가는 커리어우먼이었다.

그러나 사고를 당한 뒤 나는 척추 손상으로 인하여 두 다리를 자유롭게 쓰지 못하게 되었다. 그 일로 한때는 자살을 소망하던 때도 있었다. 그러나 사고는 나에게 몸의 장애를 입혔지만 투병 과정을 통하여 나의 정신은 강철처럼 단단해졌다.

그래서 나는 평생 휠체어에서 살아야 한다는 진단에도 불구하고 내 신념대로 나를 일으켜 세울 수 있었다. 물론 나의 보행은 매우 느리고 힘겹기만 하다. 그러나 누군가 나에게 행복하냐고 묻는다면 나는 주저 없이 그렇다고 대답할 수 있다.

행복은 행복이 무엇인지를 알고 노력하는 사람의 것이다. 나는 나와 같은 장애 혹은 그 이상의 좌절과 시련 앞에서 주저앉아 있는 사람에게 말하고 싶다.

"무엇이 문제인가? 당신이 지금 끝이리고 생각하는 그곳이 바로 당신의 출발점이다."

나는 사고를 당하기 전에는 세상이 얼마나 살 만한지 그리고 사람들의 마음이 얼마나 귀하고 아름다운지를 알지 못했다. 그러나 내가 모든 것을 잃었다고 하는 순간에 나에게 보이지 않았던 보석 같은 세상들이 펼쳐졌다.

나는 사람들이 좌절과 시련 앞에서 길을 찾으려고 노력해보지도 않고 끝났다고 말하지 않기를 바란다. 헬렌 켈러는 행복의 문이 닫히면 또 다른 문이 열린다고 했다. 지금 어느 하늘 아래에서 죽을 만큼 힘이 들어 쓰러져 있는 누군가에게 이 글을 바친다.

끝으로 내가 하고자 하는 말을 이 글로 대신하며…….

김미희…

모든 것은 내가 합니다.

모든 것의 중심에는 내가 있습니다.

내가 나를 믿지 못하는데

누가 나를 믿겠습니까?

모든 일에는 긍정적인 이유가 있습니다.

아침편지와 함께 하는 나를 믿습니다.

함께 하는 인생의 여정을 믿습니다.

게이트, 《나에게 바치는 기도》

차례

PART 01

나는 기꺼이
행복한 꼴찌가 되었다

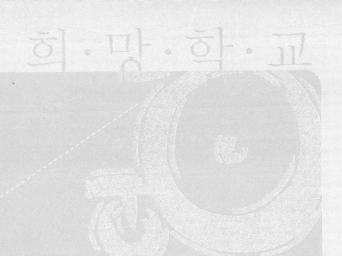

희·망·학·교

나는 기꺼이 행복한 환자가 되었다
나는 휠체어를 버리고 일어섰다
나의 믿음은 나를 깁게 만들었다
긍정이란 좋은 친구를 두면 부정이란 나쁜 친구는 달아난다
행복은 누가 선물하는가
신념이 있는 한 쓰러지지 않는다
강사님, 정말 감동 먹었어요!
마음이 먼저 웃어야 얼굴도 따라 웃는다
피할 수 없다면 즐겨라

CHAPTER 01

나는 기꺼이
행복한 꼴찌가 되었다

"말도 안 돼! 그걸 어떻게 한다고 그러는 거야?"

늘 내가 하는 일에 협조적이었던 어머니였지만 이때만큼은 정색을 하면서 말렸다. 어머니는 사람들 속에서 내가 다칠 수도 있고 내 몸으론 무리라며 나를 설득했다.

내 몸의 상태를 옆에서 처음부터 지켜본 어머니로선 어쩌면 당연한 반응이었다. 어머니는 내가 사고를 당한 첫날 응급실에 누워 있던 그 처참했던 장면을 지울 수 없을 것이다. 그리고 여전히 나는 하루가 멀다 하고 사고 후유증에 시달리고 있는 상황이었다.

어머니의 걱정스런 만류에도 불구하고 결국 나는 2005년 10월에 한 방송국에서 주최하는 한강 마라톤 대회에 참가하기로 했다. '마라톤' 하면 42.195km라고 생각하겠지만, 이날은 5km, 10km, 풀코스 이렇게 세 부문으로 나뉘어 진행되었다.

　그 행사 소식을 듣고서 나는 5km 단축 마라톤에 출전하기로 마음 먹었다. 처음에 내 생각을 말했을 때 어머니는 물론이고 주변 사람들 모두가 펄쩍 뛰었다. 제대로 걷지도 못하는 사람이 마라톤은 무슨 마라톤이냐는 반응이었다.

　더욱이 장애인 마라톤도 아니고 일반 사람들과 섞여서 함께 뛰겠다는 것은 그야말로 '주제 파악' 못 하는 이야기로 들렸으리라. 그래도 나는 생각을 굽히지 않았다.

　나의 그러한 결정을 할 때에는 이미 모든 것을 감안하고 심사숙고 해서 내린 결정이었다.

　그날 아침 대회가 열리는 미사리 조정 경기장을 향해 집을 나서는 내게 어머니는 몇 번이나 조심하라는 당부의 말을 전했다. 그러면서 어머니는 걱정스런 마음에 눈을 흘기며 이렇게 투덜댔다.

　"안 그래도 힘들어하면서, 도대체 왜 그렇게 굳이 사서 고생을 하려고 하니?"

　나는 웃으면서 말했다.

　"맞아요. 저 사서 고생하러 가는 거예요. 다들 나 같은 몸으로는 어렵다고 생각하잖아요? 그래서 아니라는 거 보여주러 가요."

　집을 나서서 경기장까지 가는 내내 긴장이 되었다. 왜 나라고 싫고 힘들지 않겠는가. 하지만 바로 그 싫고 힘들 것이라는 걸 알기 때문에 참가하기로 결정한 것이다.

　물론 나는 남들처럼 달리지를 못한다. 빠르게 뛰는 것도 어렵다.

당연히 나는 그 사람들 속에 섞인 이방인일지도 모른다. 그래도 나는 나를 그날의 출발선에 세워놓고야 말았다.

사람들 속에 섞여서 출발선에 서 있는 동안 수많은 생각들이 스쳐갔다. 내 안에서 결코 지워질 수 없는 기억의 편린들이었다.

특히 사고 후 달라진 내 모습 때문에 사람들 앞에 나서는 걸 꺼리고 마냥 위축되기만 했던 시간들이 떠올랐다. 당시 나는 사람들 앞에서는 강한 척 태연하게 행동했지만 혼자 있는 시간이 되면 밤새 가슴을 쥐어뜯으며 내 불운을 한탄하곤 했었다. 그러면서 누군가에게 이렇게 울부짖었다.

"도대체 왜 내게 이런 고통을 주시나요? 제발 내일 아침엔 내가 눈을 뜨지 않게 해주세요. 더는 이 고통스런 삶을 살지 않게 해주세요. 제발……."

하지만 다음 날이면 영락없이 또 하루가 시작되었고, 나는 살아가야만 했다. 죽지 못해 살든 그냥 살든, 삶은 현실이고 냉혹한 것이었다. 그래서 나는 이런 결론에 이르렀다.

'그래, 어차피 죽을 수 없다면 살자. 그리고 기왕에 살아야 한다면 최선을 다해 살자. 신세 한탄을 한다고 달라지는 것도 없고, 나나 그런 날 지켜보는 주변 사람들 모두 괴로울 뿐이다. 그러니 치열하게, 즐겁게 살자.'

그러면서 의기소침해 있던 마음을 끌어올리고자 나를 추슬러나갔다. 그러기 위해선 하루에도 몇 번씩 나에게 용기를 줄 말들이 필요했다.

의욕을 잃고 주저앉고 싶을 때마다 나는 스스로를 타일렀다.

'김미희, 정신 차려! 너에게 생긴 장애는 단지 조금 불편할 뿐이야. 너의 주인은 마음이니, 몸이니? 당연히 마음이 주인이잖아. 그러니 비록 지금 몸은 불편할지라도 마음이 건강하니 얼마나 다행이니? 네 마음은 네 몸보다 훨씬 강하고 강철같이 단단하니까, 그것으로 충분히 행복해질 수 있어. 세상에는 몸은 멀쩡해도 마음이 병든 사람이 많잖아. 너는 그것보다는 나은 거잖아. 자, 어서 정신 차리고 일어나!'

내가 불편한 다리를 가졌으면서도 마라톤에 참가하기로 한 것은 전적으로 내 삶의 태도가 변했기 때문이다.

그날 나는 5km를 뛰는데(나의 경우는 천천히 걷는 거였지만) 무려 1시간 30분이 걸렸다. 선두 그룹은 15~20분 안에 들어오고, 그 나머지 사람들도 대부분 30~40분 안에 들어온 것에 비하면 나는 엄청나게 시간이 오래 걸린 것이었다. 물론 나는 꼴찌였다.

그러나 비록 꼴찌를 하였지만 그 기쁨은 일등을 한 사람과 견줄 만한 것이었다. 비록 시간 내에 들어오지 못해 공식 체크도 안 되었고, 10km 출전자들까지 모두 들어온 후였으며, 풀코스 완주자들이 들어올 시간이 되어 그들을 맞이할 차비를 하느라 어수선했지만 분명 나는 용감한 꼴찌였다.

아무도 나를 주목하지 않았고 그래서 박수를 쳐주는 사람도 없었지만, 나에게 그날의 주인공은 나였다. 도착점에 겨우 도착하는 순간 나는 눈물이 핑 돌았다.

하반신 마비라는 진단을 받았던 내가 5km를 혼자 걸어서 들어왔다는 것.

나는 속으로 크게 외쳤다. 여기 행복한 꼴찌가 있노라고. 용감한 꼴찌였노라고.

CHAPTER 02

나는 휠체어를 버리고 일어섰다

"여러분에게는 꿈이나 목표가 있습니까? 있다면 무엇입니까?"

나는 강의를 하면서 자주 이런 질문을 하곤 한다. 그리고 수강생들의 얼굴을 바라보는 순간 어떤 사람에게 목표가 있는지 없는지를 금방 알아차릴 수 있다.

구체적인 꿈이나 목표를 가지고 있지 않은 사람들은 내 질문을 듣는 순간 당황하게 된다. 그러면서 '아, 나는 무엇을 위해 여기까지 온 거지?' 하는 암담한 표정이 스치는 걸 볼 수 있다.

그렇지만 자신의 꿈과 목표를 확실하게 설정해놓고 있는 사람은 그에 대한 분명한 계획도 가지고 있다. 물론 개중에는 그저 막연하게 "50대 초반엔 전원생활을 하며 행복한 노후생활을 하는 게 목표입니다."라거나 "결혼해서 행복하게 사는 거죠." 하고 대답하는 사람들도 있다.

그러나 이런 질문을 던지는 나에게도 분명한 꿈이나 목표 없이 살던 때가 있었다. 내가 좀 더 이른 나이에 그런 좌표를 가지고 살았더라면 나는 훨씬 더 나은 지금의 나를 만들어내지 않았을까 하는 후회가 들기도 한다.

지금 나에게는 확고한 꿈과 목표가 있다. 그러나 그러기까지는 나역시 많은 시행착오를 거쳐야 했다.

사람들은 살아가는 동안 크고 작고 시련을 겪으면서 좌절하기도하고, 때로는 그것을 이기고 뛰어넘어 크게 성장하기도 한다. 하지만대부분의 사람들은 시련 앞에서 담대해지기가 쉽지 않다. 막상 어려운 일이 닥치면 자신만 그런 일을 겪는 것처럼 자신의 불운을 탓하고세상을 원망하기 십상이다.

'신은 왜 유독 나만 미워한단 말인가!'

'지금까지 살면서 나쁜 짓 한 번 안 했는데, 하늘은 왜 내게 이런벌을 준단 말인가!'

나에게도 그런 때가 있었다. 나에게 닥친 현실을 철저하게 부정하고 싶었던 때가. 나 역시 하늘의 그 누군가에게 이렇게 외치고 싶었다.

"왜! 왜 나에게!"

2002년 무렵에 나는 강원도 홍천에서 한 레저 기업의 캐디들을 교육하고 관리하는 매니저 일을 맡고 있었다. 나름대로 능력을 인정받고 있던 나는 그야말로 하늘 높은 줄 모르고 도도한 자존심을 지니고 있었다.

　35살의 미혼여성들이 가질 법한 특유의 초조감이나 의기소침 같은 건 나에게서 찾아볼 수 없었다. 누군가 나에게 데이트라도 신청할라 치면 나는 망설임 없이 거절해버릴 정도로 콧대 높은 커리어우먼이었다.

　그런 니의 오만과 당당함을 누군가 시기라도 했던 걸까. 그해 2월 나의 인생은 한순간에 바뀌고 말았다. 어떤 예감도 전초전도 없이 일어난 일이었다. 순식간에 "쿵!" 하고 일어난 일이었고, 눈을 떴을 때엔 그때까지의 내 인생은 사라지고, 결코 인정할 수 없는 낯선 인생이 기다리고 있었다.

　그날도 여느 날과 다르지 않았다. 다만 눈이 얼어 있어서 운전하면서 속도를 낼 수 없었을 뿐이었다. 그러나 그 출근길은 나에게 그걸로 끝이었다. 한 치 앞을 모르고 사는 게 인간의 삶이라고 했던가.

　빙판길에 내 차의 바퀴가 미끄러지면서 차가 전복되고 말았다. 사고를 직감하는 순간 나는 의식을 잃었다. 그리고 정신이 들었을 때 나는 병원 침대에 누워 있었다.

　어렴풋하게 정신을 차려 병원에 누워 있는 나를 보면서 그때까지도 나는 내 앞에 닥친 것이 무엇인지 알아차릴 수 없었다. 그저 온몸에 날카로운 통증만이 느껴질 뿐이었다.

　그러나 현실은 훨씬 냉혹하고 잔인했다. 의사는 나에게 하반신 마비라는 진단을 내렸다. 하반신 마비라니! 그것은 사형선고나 다름없었다. 불과 한두 시간 전만 해도 나는 멀쩡하게 두 발로 집에서 걸어

나와 직접 차를 몰고 운전하던 중이었다. 그런데 이젠 걷는 것은커녕 아예 하반신을 쓸 수 없을 거라니.

그때부터 지옥과 같은 시간들이 이어졌다. 신경을 다친 내 하반신은 그야말로 나를 인사불성으로 만들었다. 바늘로 찔러대는 것과 같은, 통증이라고 표현하는 것만으로는 부족한, 엄청난 고통과 아픔이었다. 아무리 진통제를 맞아도 견딜 수가 없었다. 수면제를 몇 알씩 먹고 잠이 들었다가도, 30여 분이면 다시 깨어나 통증 때문에 울부짖어야만 했다.

"아, 너무 아파! 너무 아파! 차라리 날 죽여줘. 제발!"

평소 아픔이나 고통을 잘 견디고 인내심이 많다고 자부해왔건만 도저히 참을 수도 견딜 수도 없었다. 이를 악물고 참는다 해도 어느새가 내 입에서는 고통에 겨운 소리가 새어나왔다. 그런 내 모습을 지켜보는 가족들의 고통 또한 나만큼이나 컸다.

내 몸의 상태를 잘 알고 있는 가족들은 "조금만 참아라.", "괜찮아질 거야."라는 위로의 말조차 건네지 못한 채 눈물을 삼켜야만 했다.

병실에 누워 가만히 생각해보아도 그 모든 상황이 받아들여지지 않았다. 나는 이제 겨우 35살이 아닌가. 하반신이 굳어진 채로 남은 인생을 살아가야 한다고 생각하니 너무 억울하고 화가 났다. 하고 싶은 것, 해야 할 것들이 얼마나 많은데, 남은 시간을 휠체어 신세를 지며 죽은 것처럼 살아야 한다니.

아무리 생각해봐도 결론은 죽는 게 낫다는 거였다.

'그래, 죽자. 평생 이렇게 살 바에는 죽는 게 낫다. 그게 가족들을

위해서도 나을 거야.'

 그런데 문제는 어떻게 죽느냐는 거였다. 하루 종일 가족 중 누군가는 꼭 내 옆에 밀착해서 간호를 하고 있는 상황이었다. 병원 옥상에서 떨어져 죽을까도 생각했지만, 그러려면 누군가 내 휠체어를 그곳까지 밀어주어야만 했다. 약을 먹고 죽는다 해도 누군가 그 약을 구해주어야 하고, 목을 매단다는 건 내 처지에서 불가능했다. 밤에도 나는 혼자일 수 없었다. 어머니나 언니가 항상 내 침상을 지키고 있었기 때문이다.

 게다가 하루 종일 번갈아 드나들며 진심으로 마음을 아파하며 위로해주는 가족들과 지인들은 내 마음을 점점 약하게 만들었다. 내가 다쳤다는 이유만으로 그토록 아파하는데 내가 목숨까지 포기한다면 그들에게 더 큰 상처를 안겨주는 일일 터였다.

 그러다가 아주 조금씩 내 마음이 바뀌기 시작했다.

 '그래, 나는 지금 혼자서 마음대로 죽을 자유도 없는 몸이다. 죽을 수 없다면 살아야 한다. 그래, 사는 거다. 그러려면 지금의 나부터 견디고 이겨내야 한다.'

 그러면서 나는 살고자 하는 의지를 키워나갔다. 하루에도 수십 번, 수백 번 통증으로 뜨거운 눈물을 흘리면서도 나는 삶을 체념하지 않았다. 나는 마음이 약해질 때마다 머릿속으로 내가 전처럼 걷고 뛰고 움직이는 상상을 했다.

 상상 속에서만큼은 나는 하반신 마비가 아니었다. 사고 직전까지 나는 매우 활동적이고 적극적으로 살아왔기에 운동을 하는 나를 꿈꾸고 산을 오르는 나를 그려보는 건 어렵지 않았다.

'나는 다시 일어날 수 있어. 그래서 다시 전처럼 등산도 하고 스포츠도 즐길 수 있을 거야. 이대로 날 포기할 수 없어.'

그러면서 나는 하체의 신경이 다시 살아나는 상상도 멈추지 않았다. 마비된 채 움직일 줄 모르는 내 다리에 대고 나는 끊임없이 '살아나라, 살아나라, 신경들아…….' 하면서 속으로 주문을 외웠다.

그러던 어느 날이었다. 아주 잠깐이었지만, 그리고 한순간이었지만 왼쪽 엄지발가락이 움직였다. 머리가 쭈뼛거리면서 온몸에 알 수 없는 희열이 느껴졌다.

"엄마! 엄마! 내 발가락이 움직였어! 내가 분명히 봤어! 엄마, 나는 살았어. 살았다고!"

그 순간 나는 마치 내 하반신의 신경이 되살아나기라도 한 것처럼 잔뜩 흥분해서 어머니한테 외쳤다. 그때의 심정은 벼랑 끝에 겨우 매달려 있는데 누군가 밧줄을 던져준 것 같은 기분이었다.

그러나 그 밧줄은 너무나 약한 것이어서 나를 한순간에 벼랑 위로 끌어올려 주진 못했다. 말초신경이 아주 조금 살아 있음을 알리는 신호일 뿐, 발가락이 더 움직여줘야 그 이후의 부분들도 살아 움직일 수 있는 거라고 의사는 말했다. 게다가 왼쪽 엄지발가락이 움직였다고 생각하는 것 자체가 나의 착각일 수 있다고 말했다.

"환자 분이 희망을 갖는 건 나쁘지 않지만, 이 상태에서 큰 기대는 갖지 않는 게 좋을 겁니다."

의사의 부정적이고 냉정한 판단에 눈물이 나올 정도로 섭섭함을 느꼈지만 그 예견은 현실로 드러났다. 금방 일어나 걷게 될지 모른다는 내 기대는 하루하루 꺾여만 갔다. 왼쪽이 조금씩 나아지긴 했지만 금방은 자각할 수도 없는 1mm 정도의 신경이 되살아나고 있는 것일 뿐이었고, 오른쪽은 아예 그조차도 반응이 없었다.

하루하루가 내겐 진전 없는 나 자신과의 싸움의 연속이었다. 그래도 나는 하루라도 빨리 움직이려고 열심히 운동하고 또 운동했다. 마치 인간의 눈에 개미가 아무리 열심히 움직인다 해도 그다지 의미 없는 것처럼 비쳐지듯이 나의 물리치료나 운동 같은 것도 그렇게 더디고 고단하기만 한 것이었다. 그래도 나는 중단하지 않았다. 그토록 작은 개미도 결국은 자기가 원하던 곳에 다다르질 않던가. 나도 언젠가는 그런 날이 올 거라고 스스로에게 몇 번이나 다짐시키곤 하였다.

그러던 중에 하루는 어머니와 아침을 먹는데 어머니가 입 안에서 무언가를 뱉어내더니 서둘러 감추셨다. 어머니는 나한테 들키지 않으려고 나름대로 애쓰셨지만 어머니의 아래 의치가 빠진 거라는 걸 금방 알 수 있었다. 한꺼번에 의치 5개가 뭉텅 빠져버린 어머니는 그 와중에서도 내가 상처받을 일만 생각했던 것이다.

"엄마……."

나는 아무 말도 할 수 없었다. 딸의 갑작스런 불행 앞에서 그 딸보다 더 고통스러웠을 어머니, 게다가 마음 놓고 크게 울지도 못했던 어머니였다. 하루 종일 옆에 붙어 새우잠을 자면서 딸의 병수발을 드느라고 어머니의 몸과 마음은 얼마나 지쳤던가. 게다가 나는 몸과 마음이 지칠 때마다 어머니에게 그 화를 다 쏟아 붓고 있었던 것이다.

"엄마, 엄마……."

죄송하다는 말조차 감히 꺼낼 수가 없었다. 그저 어머니를 붙잡고 통곡할 수밖에 없었다. 멀쩡한 의치가 5개나 그대로 빠져버릴 정도였으니 어머니가 나 때문에 얼마나 고통스런 시간을 보냈는지 절감했다. 나에 대한 자책이 밀려와 울음이 멈추지 않았다. 도대체 왜 나에게 이런 일이 일어나서 어머니한테까지 이런 고통을 준단 말인가.

"미희야, 괜찮아……. 난 괜찮아……. 이는 또 하면 되는걸……."

어머니도 결국 울음을 참지 못하셨다. 어머니와 나는 한참을 그렇게 부둥켜안고 울었다.

그런 일이 있고 나서 나는 전보다 훨씬 더 스스로의 감정을 다스리는 데 익숙해졌다. 내가 감정이 폭발하고 그걸 어머니에게 쏟아 부으면 어머니가 그 화를 고스란히 받아줄 거라는 걸 알고 있었기에 더욱 그렇게 할 수 없었다.

무엇보다도 두 발로 일어서고 말겠다는 명분이 확실해졌다. 딸을 그토록 사랑하는, 내가 사랑하는 어머니를 위해서라도 나는 반드시 일어서고야 말겠다고 다짐하며 하루하루를 버텼다.

혹여 운동을 게을리 하면 영영 일어설 기회가 오지 않을까봐 단 하루도 운동을 거르지 않았다. 하반신의 통증이 단 하루도, 단 한순간도 멈추지 않는 상태에서도 운동과 물리치료를 거르지 않는 나를 보고 간호사들이나 다른 사람들은 혀를 내둘렀다.

그들의 눈에는 어쩜 내가 불가능한 것에 매달리고 있는 것처럼 보였는지도 모르겠다. 왜냐하면 병원 내에서는 아무도 내가 다시 일어나 걷게 될 것이라고 생각하지 않았기 때문이다. 이미 그 병동에는 나와 같은 사람들이 여러 명 있었고, 어떤 환자도 다시 걷게 된 사례가 없었던 것이다.

그런데 다른 사람들의 그러한 비관적인 사례에도 불구하고 나는 일어서고야 말겠다는, 일어설 수 있다는 믿음을 버릴 수가 없었다. 그 사람의 믿음이 그 사람의 인생을 만든다고 했던가. 나는 마침내 내 믿음대로 날 일으켜 세울 수 있게 되었다.

처음엔 엄지발가락이 미세하게 움직이기 시작했고, 그 다음엔 다른 발가락들이 움직였으며, 또 그 다음엔 양손으로 무언가를 잡고 일어설 수 있게 된 것이다. 그렇게 되기까지 4개월이 걸렸다.

그 4개월도 나에겐 길기만 한 시간이었지만 의사를 포함한 주위의 반응은 그렇지 않았다. 주변에 의지해 겨우 일어섰을 뿐인데도 불구하고 사람들은 기적이 일어났다고 말했다.

'그래, 기적이라고 해도 좋다.' 그러나 나는 내가 무언가에 의지해 날 일으켜 세운 그 순간에 기적은 아직 일어나지 않았다고 스스로를 타일렀다. 왜냐하면 나는 일어서는 것이 아니라 두 발로 걷고 싶었고, 그러지 않는 한 기적은 아직 일어나지 않은 것이기 때문이었다.

그래서 나는 다시 새로운 운동을 시작하고 물리치료의 강도를 높여갔다. 사람들은 그런 나에게 지독하다고 얘기했지만 나는 그쯤에서 만족하기엔 내 인생이 너무 아까웠다.

어느새 그런 내 투병 과정이 사람들의 입에 오르내리면서 나와 비슷한 환자들의 보호자들이 찾아와 관심을 보였다. 그들은 나를 통해 자신들의 환자에게도 같은 기적이 일어날 수 있다는 희망을 가지고 싶었던 것이다.

그리고 나는 마침내 사고 7개월 만에 누워서 실려 갔던 병원을 두 발로 걸어 나올 수 있었다. 그런 나를 보고 심지어 의사까지도 몇 번이나 이것은 기적과 같은 행운임을 강조하였다.

'그래, 기적이라도 말해도 좋고 행운이라고 말해도 좋다.' 어쨌든 나는 하반신 마비였고 누구도 내가 일어나 걸을 수 있다는 가능성을 인정해주지 않았다. 그러나 나는 결국 휠체어를 벗어던질 수 있었다. 그것은 내가 도저히 가능하지 않을 것 같던 그 극단의 상황에서도 꿈꾸기를 멈추지 않았기에 가능한 것이었다.

물론 두 발로 병원을 걸어 나왔다고는 하지만, 그것으로 나의 고통의 시간이 사라진 것은 아니다. 그러나 뒤에 기다리고 있는 것이 비록 또 다른 고통이라 하더라도 나는 더 이상 불행한 존재가 아니었다.

내 정신과 의지가 내 몸을 이겨내 결국 나를 일으켜 세웠듯이 나는 이제 얼마든지 내가 원하는 것을 할 수 있다는 자신감이 솟구쳤다. 앞으로 살아가면서 어떤 고난이 닥친다 하더라도 헤쳐나갈 자신이 생겼다. 지난 7개월을 견뎌낸 정신력만 있다면 더 이상의 좌절은 내것이 아닐 터였다.

그러면서 내 안에 서서히 꿈틀대며 일어나는 것이 있었다. 그것은 내가 살아 있다는 소리이기도 했으며, 내 인생의 목표가 기지개를 펴는 소리이기도 했다.

사고 전과 후의 나는 분명 달라져 있었다. 내 몸은 사고 후 훨씬 약하고 부실했지만, 나의 정신만큼은 그 어느 때보다도 강하고 에너지가 넘쳤다. 인생의 목표가 보였다.

CHAPTER 03

나의 믿음은
나를 걷게 만들었다

시련을 통해 사람들이 성장한다는 말은 결코 틀린 말이 아니었다. 삶과 죽음의 경계에서 극한의 고통을 겪었던 나는 분명 달라져 있었다.

병원에 누워 있던 7개월의 시간은 나에게 마치 백 년과도 같은 암흑과 지옥의 시간이었으면서, 동시에 삶에 대한 새로운 도전과 희열을 맛보게 해주었다. 무엇보다 평생 휠체어 신세를 지게 될 거라는 최악의 상황 속에서 휠체어 없이 걸어 나올 수 있었기에 병원 문을 나서던 날의 심정은 그야말로 만감이 교차했다.

인생은 나쁜 것 속에 좋은 것도 있고, 좋은 것 속에 나쁜 것도 있다고 하질 않던가. 나는 하반신 마비의 진단을 이겨내고 병실 사람들의 부러운 시선을 받으면서 내 힘으로 걸어 나왔던 것이다. 물론 지팡이를 짚어야만 가능한 불완전한 걸음이었지만, 그것만으로도 각 병실이 발칵 뒤집어질 정도로 내 상태는 가히 '기적'에 가까운 것이었다.

나와 같이 하반신 마비 진단을 받은 사람이 걸어서 병원 문을 나서게 되는 예는 지극히 드문 일이었기에 의사들도 매우 이례적으로 받아들였다. 그들은 '보기 드문' 혹은 '기적과도 같이 운이 좋은'이라는 표현을 사용하였다.

나의 7개월을 옆에서 지켜본 다른 병실의 보호자들 또한 자신들의 일처럼이나 기뻐해주었다. 나를 통해서 그들은 자신들의 환자에게도 그런 기적 같은 일이 일어날 수 있을 거라는 희망을 갖고 싶었던 것이다.

그들은 내가 퇴원한다는 소식을 듣자 매일같이 나에게 달려와서 나의 물리치료 및 투병 과정에 대해 묻고 또 물었다. 수년째 누워 있으면서 조금도 차도가 없었던 다른 환자들과 달리 나에게는 남다른 치유 비법이라도 있었는지 그들은 알고 싶어 했다. 내가 다시 일어설 수 있게 된 것은 그만큼이나 놀라운 축복이자 행운이었던 것이다.

그걸 내가 해냈던 것이다. 내 의지와 신념이 하반신 마비를 극복해냈던 것이다.

나는 내가 어떤 노력을 통해 무엇을 이루었는지를 잘 알고 있었기에 병원 문을 나서고 난 다음에 생각하는 뒤페이지엔 훨씬 희망적인 그림이 그려져 있었다. 무엇보다 나는 내 의지와 신념을 믿고 있었기에 앞으로 닥칠 어떤 문제라도 극복해낼 자신이 있었다.

그래서 나는 지팡이에 의지해야만 겨우 걸을 수 있는 상황에서도 회사에 복직을 했다. 내 몸이 불편하다는 이유로 일하기를 두려워한다면 나는 그대로 환자에 머물고 말 거라는 생각에서였다. 사고 전까지 했던 일이 골프장의 캐디들을 교육하고 관리하는 매니저 일이었기에 일에 지장을 주지는 않을 자신이 있었다. 회사에서도 흔쾌히 나를 받아들여 주었다.

나는 복직한 후에도 지팡이에 의존할 수밖에 없었다. 다리만 다친 게 아니라 척추의 신경이 손상된 것이기 때문에 다리의 힘만으로 걷는 것은 여전히 무리였다.

따라서 지팡이를 놓으면 제대로 서 있을 수도 없었다. 일반적으로 발가락 하나만 다쳐도 중심을 잡기 힘들다고 하는데, 난 아예 오른쪽 다리 대부분의 신경이 죽은 상태이다. 그러니 지팡이에 의지해 왼쪽 발의 힘으로만 걸어야 했다. 그 왼쪽 발도 완전하게 정상은 아니어서 그런 두 발로 서 있는 내가 스스로도 대견하기만 하다.

내 몸 상태를 아는 사람들은 지팡이를 짚고서라도 걸을 수 있다는 사실만으로도 놀라운 일이라고들 말했다. 그래도 나는 거기에서 만족할 수 없었다.

나는 지팡이를 짚고 다리를 절룩거리며 끌고 다니는 내 모습을 보이는 게 싫었다. 지팡이를 짚고 있는 한 나는 내 의지와 상관없이 사람들에게 환자나 도움을 받아야 할 사람처럼 보일 터였다.

그러다 보니 점심시간에 근무하는 건물 건너편에 있는 직원식당에 가는 것도 꺼려졌다. 한 손에는 지팡이를 짚고 한 손에는 식판을 들고 위태로운 모습으로 움직여야 하는 그 상황을 보이는 게 싫어서 몇 달간은 점심을 굶어버리기도 했다.

　그러나 사람들 앞에서는 그런 내색조차 하지 않았다. 사고 소식을 알고 걱정해주던 동료나 고객들 앞에서는 내가 얼마나 강하고 의지가 강한 사람인지 보여주기 위해 미소를 잃지 않았다. 아니 그런 사고는 내 인생에 어떠한 영향도 미치지 못했다는 듯이 행동했다. 그래서 대부분의 사람들은 내 몸의 상태도 정확하게 알지 못했다.

　그러나 나는 이미 병원에서 나올 때와는 달리 지칠 대로 지치고 위축되어 있었다. 게다가 하반신의 기능이 돌아오지 못한 후유증으로 인해 이따금씩 나도 모르게 신경이 제대로 작용하지 않아 절망감에 빠지곤 하였다.

　그런 일이 반복되면서 나는 수치심도 그렇거니와 내 몸의 상태에 훨씬 더 비관적이 되었다. 모든 기능이 의지대로 관리가 안 된다는 것은 나에게 앞으로의 행동반경을 그만큼 제한할 수밖에 없었기 때문이었다.

　또한 회사에서의 업무 능력도 예전처럼 원활하게 처리할 수 없었다. 회사에서는 그런 나한테 눈치를 주진 않았지만 시간이 지나면서 나 자신이 자꾸만 작아져 갔다. 내 몸이 불편해진 이후 발생된 리스크를 회사에서 무조건 수용해주기를 바라는 건 내가 용납할 수 없었다.

　특히 내가 하는 일이 직원들을 교육하는 일이라 어떤 면에서는 장악력을 가져야 하는데, 그것이 사고 전처럼 유지되지 않는 게 느껴졌다. 어쩔 수가 없었다. 내가 주위 사람들과 아랫사람들의 도움을 받을 일이 많아지는 만큼 내 목소리는 작아질 수밖에 없었다. 장악력이 약해진다는 것, 그것은 직원들을 교육하고 관리하는 입장에선 큰 문제가 아닐 수 없었다.

내 처지가 그러다 보니 주변의 반응에 점점 민감해졌다. 누가 무슨 말을 하면 예전엔 웃고 넘어갈 일에도 자격지심을 갖게 되었고, 또 예민하게 반응하게 되었다. 그럴 때마다 마음을 다잡아보지만 내 몸이 무기력해진 만큼 내 마음도 약해지고 있었다.

어느새 나는 사고 직후처럼 마음이 약해지고 있었다. 그러면서 다시 잠자리에 들면서 차라리 아침에 눈을 뜨지 못하게 되면 좋겠다는 생각을 하고 있었다.

회사를 오래 다닐 수 없다는 걸 난 이미 알고 있었고, 그 이후의 내 미래는 암흑 같은 시간이 되리라는 생각에 절망했다. 회사를 나오게 되면 내가 무엇을 할 수 있으며, 어디에서 날 받아주겠는가.

세상에는 나의 의지만으로는 할 수 없는 게 너무 많았다. 그러나 그것이 현실이었다. 언제까지 신세 한탄만 하면서 우울하게 살아갈 순 없었다. 고민하고 눈물 흘린 만큼 달라질 수 있다면 얼마든지 그럴 수 있다. 하지만 세상은 내가 나를 일으켜 세우는 만큼만 나를 받아주고 인정한다는 걸 나는 이미 알고 있었다.

고심 끝에 나는 규칙적인 패턴을 유지해야 하는 직장생활 대신 그동안의 내 경험을 살릴 수 있는 다른 쪽을 알아보기로 했다. 그렇게 해서 생각한 게 이미지 메이킹 관련 분야의 강사가 되기로 한 것이었다. 어차피 내가 해온 것도 그것과 무관하지 않았고, 평소 교사가 되고 싶었던 나의 바람과도 맞아 떨어지는 일이었다.

결심이 서자 나는 곧바로 실행에 옮겼다. 홍천에서 다니기에는 무리였지만 나는 서울의 모 대학 사회교육원 이미지 메이킹 강좌에 등록을 했다.

첫 수업을 들으러 가던 날이 2003년 3월 6일이었는데, 공교롭게도 30년 만에 폭설이 내린 날이었다. 홍천에서 4시 30분에 출발했는데 눈 때문에 길이 막혀 7시가 넘어서 도착했다. 그런데 막상 학교에 도착해서도 금방 차에서 내릴 수가 없었다.

캄캄한 터널에 갇힌 듯한 미래를 모색해보려고 그 먼 길을 달려온 마당에 지팡이를 짚고 한없이 약한 모습으로 강의실을 들어서고 싶지 않았다. 모르는 사람들 앞에 그런 모습으로 나타나는 게 창피하기도 했고, 저런 몸으로 여기는 뭐 하러 왔나 하는 비웃음을 살 것 같기도 했다.

물론 그런 생각 자체가 오기였고 현실성이 없는 자존심이었다. 그러나 내 몸이 비록 그렇게 되었을망정 나는 분명 나였다. 짧은 시간에 이런저런 생각이 교차했다. 그렇지만 나는 거기까지 가서 되돌아가는 겁쟁이가 되고 싶진 않았다.

'아니야, 사람들은 오히려 이런 나의 모습을 열정과 용기라고 생각할 거야. 몸의 장애를 앞세워 안 하고 못 하는 게 더 창피한 거야. 암, 김미희 넌 할 수 있어. 그리고 네가 그토록 지팡이가 창피하다면 어서 그냥 나가 봐. 지팡이 없이도 걸을 수 있다면 그렇게 하는 거야. 그런데 지팡이 없이 한 걸음도 걷지 못한다면 지팡이 짚은 널 그대로 인정하고 받아들여야만 해. 자, 나가서 걸어 봐.'

나는 조심스럽게 차 문을 열고 왼쪽 발을 밖으로 내디뎠다. 그리고 두 손을 차의 몸체에 의지하고 두 발을 땅에 디뎠다. 그리고 힘겹게 다시 한 발을 앞으로 내밀었다.

"아!"

나도 모르게 속에서 탄성이 흘러나왔다. 비록 매우 더딘 걸음이었지만 지팡이 없이 걸을 수 있다는 사실이 놀랍기만 하였다. 한 손엔 가방을 든 채 어린애가 처음 걸음마를 배우듯이 강의실까지 나는 그렇게 한참 만에 걸어 들어갈 수 있었다.

3월의 바람이 차가웠지만 내 이마엔 어느새 땀이 송골송골 맺혀 있었다. 그렇게 나의 도전은 무사히 첫발을 내디딜 수 있었다. 그날을 계기로 나는 더 이상 지팡이를 잡지 않았다. 비록 느림보 걸음에 계단을 오르내릴 때에도 난간을 짚거나 다른 사람의 부축을 받아야 했지만 나는 지팡이를 찾지 않았다.

그렇게 나는 나를 뛰어넘었다. 지금도 하루에 수십 번, 수백 번 혀를 깨물어야 할 정도의 고통을 참으며 살고 있지만, 나는 그런 나의 현실이야말로 행운과 축복이었다고 생각한다. 나에게 그런 사고가 일어나지 않았더라면 얼마나 좋았을까 하는 신세 한탄 같은 건 하지 않는다.

왜냐하면 사고가 난 이후에야 비로소 나는 나를 강하게 단련시킬 수 있었고, 불가능하다고 여기던 것들을 내 의지로 이겨낼 수 있었기 때문이다. 그런 시간이 없었다면 나는 지금처럼 스스로를 단련시키고 강하게 만들 수 있는 기회를 갖지 못했을 것이다.

평생 걷지도 못하고 휠체어에 앉아서 살아야 한다고 했을 때 나는 휠체어를 던지고 일어났고, 지팡이에 의지해서라도 걸을 수 있다는 것만으로도 기적이라고 했을 때 나는 그 지팡이마저 집어던졌다. 내가 지금 내 인생을 사랑하고 지금의 내 모습을 사랑할 수 있는 것은 그것을 이루어내었기 때문이다.

그리고 이미지 메이킹 강의를 들으면서 나는 점점 더 수업 내용에 매력을 가지게 되었다. 그때까지 내가 해온 교육 내용과도 관련이 있었으며, 보다 전문적인 트레이닝 과정만 거친다면 그런 방면의 전문 강사가 될 수 있겠다는 자신감이 생겼다. 그것은 내게 어떤 사명감 같은 것이었고, 내가 처한 환경에서 최선의 방법이기도 하였다.

그러려면 무엇보다 다양한 교육과 훈련이 필요했다. 내 인생의 확실한 목표가 생기자 삶이 훨씬 즐거워졌다. 그것은 내 안에 희망이 생긴 때문이기도 했다.

그래서 나는 우리나라에서 내로라하는 그 방면의 유명한 강의를 찾아다니며 강의를 듣고 선생님들을 만나 조언과 상담을 받기도 하였다. 그리고 복직 10개월 만에 회사에 사표를 냈다. 내 욕심만 차려 회사에 계속 머물러 있기도 그렇고, 무엇보다 내가 하려는 공부에 더 많은 에너지를 쏟기 위해서였다.

CHAPTER 04

긍정이란 좋은 친구를 두면
부정이란 나쁜 친구는 달아난다

행복하지 않기를 바라는 사람은 없다. 그럼에도 불구하고 정작 자신의 삶에 만족하며 행복하다고 여기는 사람은 많지 않다. 사람들이 행복하지 않은 이유는 늘 무엇인가 채워지지 않았다고 생각하기 때문이다.

그러나 행복의 조건은 따로 있는 게 아니다. 돈이나 학벌, 명예, 외모 등이 행복의 조건이 된다면 그것들을 더 많이 소유한 자일수록 행복하겠지만 우린 이미 그렇지 않다는 걸 알고 있다.

사고 후 병원에 입원하고 있을 때였다. 하루는 근무하던 곳의 팀장님으로부터 전화가 왔다. 이런저런 대화 끝에 팀장님은 한숨을 내쉬면서 하소연을 했다.

"미희야, 일이 너무 힘들다. 이런 식이다가는 정말 스트레스 받아서 못 살겠다. 이럴 바에는 다 집어치우고 푹 쉬고 싶구나."

물론 그만큼 힘들어서 하는 말이었겠지만 나는 팀장님께 내 방식대로 위로를 할 수밖에 없었다.

"팀장님, 전 일이 너무 하고 싶어요. 그런데 앞으로 할 수 없을지도 몰라요. 팀장님의 그 스트레스 제게는 정말 부러운 사치예요. 저를 포함하여 여기 재활병동에 누워 있는 많은 사람들은 일하면서 가질 수 있는 그 스트레스조차 평생 느껴보지 못할 수도 있어요. 지금 팀장님이 느끼는 그 스트레스와 좌절도 결국 팀장님이 건강하게 일을 하실 수 있기 때문에 오는 대가잖아요. 팀장님, 피할 수 없으면 차라리 즐기라는 말이 있잖아요. 다른 사람들이 그렇게 말하면 단순히 위로 차원이겠지만 제가 말하는 건 가슴에서 우러나오는 거예요. 그 스트레스를 오히려 긍정적으로 받아들이세요. 아무리 힘들어도 결국은 살아 있고, 움직일 수 있고, 일을 할 수 있기 때문에 오는 괴로움이잖아요. 팀장님, 저도 움직이고 싶고, 일하고 싶어요……."

"……."

팀장님은 잠시 아무 말씀도 없으셨다. 그러고는 잠시 후 한층 침착해진 어투로 이렇게 말했다.

"맞아. 내가 미희 생각을 못 했어. 미희 말처럼 일을 하고 싶어도 못하고, 평생 그런 기회조차 갖지 못한 채 살아가는 사람들도 있는데 말이야. 내가 정말 배부른 투정을 부린 것 같아. 내일이라도 새 마음으로 일을 할 수 있을 것 같아."

어쩌면 팀장님은 별 의미 없이 하소연을 한 거였겠지만, 그 말을 하는 나는 정말 가슴으로 하는 위로이자 뼈아픈 고백이기도 했다. 나도 일을 할 때에는 무심코 그런 불만을 토로했을지 모른다. 어쩌면 지금 이 순간에 일을 하고 있는 직장인들도 어디에선가 이렇게 투덜거리고 있을지 모른다.

"아, 일하지 않고 살 수 있다면!"

"다 때려치우고 일 년만 놀았으면 좋겠다."

"이놈의 직장 때려치우든지 해야지, 사람을 들들 볶아대니 살 수가 있나."

그러나 모든 게 다 마음먹기 나름이다. 좋다고 생각하면 좋은 것이고 할 수 있다고 생각하면 할 수 있는 것이다. 아무리 어렵고 힘든 상황이라 해도 그보다 더 나빠질 수 있는 최악의 상황을 생각한다면 현재의 시련은 견딜 만한 시련이 된다.

'교통사고를 당해 다리가 불편해지긴 했지만, 다른 곳은 멀쩡하니 얼마나 다행인가.'

'후배들은 치고 올라오고 위에서는 무능하다고 몰아치지만, 이 기회에 나를 더 계발하고 발전시키게 된다면 오히려 고마운 일이다.'

'비록 가난한 부모에게서 태어나 고생을 하며 자랐지만, 내 몸과 정신은 건강하니 수십억을 물려받은 것보다 낫다.'

이렇게 자기 자신이 만들어낼 수 있는 최대한의 긍정적인 마음을 이끌어내면, 그것이 곧 자신감이 되고 전화위복을 만들어줄 거라고 생각한다.

나는 골프장이 있는 곳에서 근무해서 그런지 골프장 환경과 인생

살이를 비교해 생각할 때가 많다. 그 중에서 사람의 마음은 잔디밭과 많이 닮았다는 생각을 했다.

잔디밭의 잡초는 다 뽑은 것 같다가도 며칠 뒤에 보면 또 올라와 있다. 뽑아도, 뽑아도 또 올라온다. 마음도 그렇다. 긍정적인 자신감으로 마음을 무장시킨 듯하지만, 어느새 열등감이나 자만심이라는 잡초가 잔뜩 차지하고 들어앉는다.

따라서 마음의 관리도 잔디밭을 관리하는 것처럼 자주 살펴보고 다듬고 나쁜 것들은 제거해주어야 한다. 그렇게 하지 않으면 잡초가 어느새 잔디밭을 다 점령하여 정작 자리 잡아야 할 잔디들을 잠식해 가듯이 말이다.

마음도 마찬가지다. 자기 안에 조금씩 피어나는 부정적인 감정들을 미처 깨닫지 못하고 방치하다가는 어느새 내 마음의 주인이 바뀔 수가 있다. 그렇게 되면 나도 모르게 삶에 대한 부정적인 생각과 회의가 들면서 '난 안 행복해. 난 불행해. 내 주변은 모두 내 마음에 안 들어. 다 귀찮아…….' 하면서 '불행 송(song)'을 부르게 된다.

그런 마음으로 하루하루를 보내고 그런 생각으로 사람들을 대하게 되면 상대방도 좋은 느낌을 받을 수 없게 된다.

'아, 저 사람은 뭔가 불만에 가득 찼구나. 저런 사람하고 일을 도모 하면 어쩐지 잘 안 될 것 같아.'

어떤 사람도 자신의 처지에 백 프로 만족하는 사람은 없다. 그러나 불만족한 상황을 좀 더 긍정적이고 밝은 쪽으로 유도하는 것이 내적 이미지 메이킹의 목적이라고 생각한다.

그런 점에서 얼마 전에 모 프로그램에서 소개된 남자가 생각난다. 중국에서 가수로 활동하는 위쩐환(27세) 씨는 태어날 때부터 온몸에 털이 뒤덮인 채 태어나 현재는 몸의 96.8퍼센트가 머리카락 같은 검은 털로 덮여 있다. 그래서 그 방면에서 세계 기네스북에까지 올랐다고 한다.

모습이 그렇다 보니 어려서부터 그는 사람들에게 놀림이나 수모를 받으며 자라야 했다. 이목만이 문제가 아니었다. 세수를 하더라도 얼굴의 털 때문에 훨씬 많은 시간이 걸리고, 귀에도 털이 잔뜩 있어 정기적으로 병원에 가서 귀를 청소해주지 않으면 소리가 들리지 않을 정도이다. 그가 노래를 하게 되면 사람들은 그의 노래에 관심을 보이기보다는 그의 모습을 사진으로 찍어대느라 정신이 없다.

사람들의 그런 반응이 싫지 않느냐는 물음에 그는 이렇게 대답했다.

"제가 다른 사람과 다르게 생겼기 때문에 사람들이 호기심을 갖는 것은 당연합니다. 사람들이 저를 보고 웃는 것은 평생 저를 따라다닐 거예요. 하지만 중요한 것은 내가 어떻게 생각하느냐는 것입니다. 만약 사람들이 쳐다보는 것이 창피하다고만 생각한다면 저는 평생 고개를 숙이고 살아가야 할 것입니다. 그러면 저의 인생은 지금처럼 즐겁진 않겠죠."

그의 대답은 내가 사고 후 장애를 극복하게 된 심정과 같은 것이었다. 우리가 어떤 장애나 난관에 부딪히게 되었을 때 상당 부분은 다른 사람을 의식하기 때문에 더 힘들게 된다.

위쩐환이나 나처럼 절대 피할 수도 없고 한시적이지도 않은 장애에 부닥치게 되면 사람들은 이런 생각부터 하게 된다.

'이런 나를 사람들이 어떻게 볼까?'

'이런 모습으로 밖에 나가면 사람들로부터 손가락질만 받을 거야. 그러느니 차라리 집 안에 틀어박혀 살겠어.'

그렇게 생각하는 한 그는 이미 몸의 장애 이전에 마음의 장애 앞에 굴복하게 되는 것이다. 당사자도 자신의 장애를 인정하지 않는데 어느 누가 그걸 긍정적으로 봐준단 말인가.

그러나 위쩐환 씨는 자신의 장애에 연연하지 않았다. 그는 오히려 그것을 자신의 강점으로 살려 '감추는' 게 아닌 '당당하게 보여주는' 쪽을 택함으로써 자신의 인생 궤도를 바꾸었다. 그의 의지야말로 스스로의 삶을 캄캄한 동굴에서 환한 바깥으로 끌고 나온 것이다.

그런 그의 의지는 자신의 인생만을 변화시키는 게 아니다. 그를 지켜보면서 많은 사람들은 자신들에게 필요한 게 무엇인지를 깨닫게 될 게 분명하다.

'저런 사람도 저렇게 당당하게 자신의 삶을 개척해가는데 도대체 나는 무엇이 문제란 말인가!'

작은 깨달음이 작은 변화를 가져오고 그 변화가 모여서 사회는 바뀌고 성장하게 된다고 생각한다. 그런 점에서 나 또한 위쩐환 씨처럼 스스로의 장애를 뛰어넘은 사람으로 기억되고 싶다.

그리고 단 한 사람이라도 쓰러진 스스로를 일으켜 세울 수 있는 자극을 받게 된다면 나는 그것으로 충분히 행복할 것이다.

CHAPTER 05

행복은
누가 선물하는가

사람들은 내게서 그늘을 잘 볼 수 없다고 말한다. 하지만 왜 내게 슬픔이 없고 열등감이 없겠는가. 다만 그런 건 내게 전혀 도움이 되지 않으니까 보이지 않으려고 노력할 뿐이다.

나는 나를 사랑해주고 격려해주는 사람들에게서 동기 부여를 받고, 그걸 내 인생의 촉매제로 생각하는 긍정적인 삶의 태도가 지금의 나를 만들었다고 믿는다.

행복은 우리 각자가 가꿀 수 있는 마음의 상태이다. 마음을 가꿔 행복을 얻기 위해서는 평소 생활에서 친절함, 독창성, 유머, 낙천적인 사고방식, 관대함 등을 실천하며 살아야 한다.

심리학자 리처드 스티븐스는 행복의 세 가지 조건에 대해 다음과 같이 말하고 있다.

- 좋은 느낌과 긍정적인 마음

- 활기 넘치는 생활

- 의미 부여(즉, 인생에서 가치 있는 선택을 하는 것)

이처럼 진정한 행복이란 남들과 비교해서가 아니라 더 높은 이상이나 가치에 도달할 때 얻을 수 있다. 남들과 자꾸 비교하다 보면 더욱 불행해질 뿐이다.

남들이 말하는 행복의 기준이 자신에게도 똑같이 적용될 수 없기 때문이다. 어떤 사람은 돈이, 어떤 사람은 명예가, 어떤 사람은 외모가 행복의 조건이 될 수 있다.

그리고 이런 조건은 결국 스스로를 괴롭히며 지친 인생을 살다 마감하게 만든다. 이런 목표는 도달하면 할수록 더 높은 기준을 원하게 되고, 그래서 쉽사리 행복감에 이르지 못하게 된다.

"(비록 충분히 예쁠지라도) 아직은 충분하지 않아. 수술을 통해 조금만 더 예쁘게 고친다면 나는 지금보다 훨씬 더 행복한 삶을 살 수 있을 거야."

"(살기에 충분한 돈이 있더라도) 나는 더 많은 돈을 벌어두어야만 해. 그래, 앞으로 60세까지만 더 허리띠를 졸라매자. 이번 겨울엔 보일러를 꺼서 난방비를 아끼고 반찬 수를 두 가지로 줄여야겠어. 그러면 60세쯤엔 행복하게 살 수 있을 거야."

이런 식으로 '좀 더, 좀 더' 하다 보면 자기 인생의 주체가 사라지게 된다. 현재 행복을 누리고 있는 사람은 상황에 끌려 다니는 희생

물이 아니라 그 자신이 자기 인생의 주인이 된 사람들이다.

그러려면 무엇보다도 삶을 살아가는 태도와 가치관이 중요하다. 자기 자신과 주변에 대해 긍정적이냐 부정적이냐에 따라 그 사람의 인생은 엄청난 변화와 차이를 가져온다.

그렇다면 긍정적인 태도란 무엇인가. 긍정적인 생각에는 부드러움과 강인함과 포용력이 모두 들어가 있다. 반면에 부정적인 생각은 타협되지 않는 불화와 이기심과 절망을 불러온다.

그러나 긍정의 힘이야말로 우리가 바닥을 차고 오르게 하는 절대적인 가치인 것이다. 그런 점에서 나는 이 말을 좋아한다.

"생각과 마음이 행동을 지배하고 마음의 작용이 몸을 지배한다."

이런 식으로 나는 자포자기하려는 나를 깨달을 때마다 내가 가지고 있는 긍정적인 모든 말들을 동원해서 내 안의 부정적인 생각들을 몰아냈다.

사람들은 살면서 난관에 부딪히거나 위기에 봉착하게 된다. 그럴 때 어떻게 해결하고 받아들이느냐에 따라 위기를 극복하기도 하고 절망을 초래하기도 한다.

그러면 위기를 어떻게 받아들이고 극복할 것인가.

1. 있는 그대로의 자기를 정확하게 이해하고 받아들인다.

자기를 이해한다는 것은 자기의 심신에 관한 여러 가지 상태, 대인관계, 가치관 및 이와 관련된 자기의 행동 등에 관하여 현실적으로 이해하는 것을 말한다. 나를 아는 것은 중요하다. 누구나 자기 자신은 잘 안다고 생각하지만 그렇지 않은 경우가 훨씬 많다.

사람은 때때로 이상적인 자신의 모습과 현실 속의 자신의 모습에서 그 차이 때문에 괴로워하거나 심한 열등감에 사로잡히기도 한다. 그러나 현실적인 자신의 모습은 자신의 마음이 얼마나 긍정적이냐에 따라 긍정적으로 수정·보완·변화가 가능하다.

나도 한때는 절룩거리며 제대로 쓸 수 없는 내 다리가 부끄러워 사람들 앞에 나서지 못한 적이 있었다. 가급적이면 그 자리에서 움직이지 않으려고 가끔은 꾀도 부려봤다. 하지만 이건 내가 갖고자 하는 긍정적인 나의 모습이 아니라고 생각하며 조금씩 용기를 내서 움직이자 많은 사람들이 나를 격려해주고 오히려 내게서 힘을 얻는다고 했다. 그런 분들에게서 나 또한 용기와 힘을 얻으며 자신감이 생겼다.

따라서 우리가 스스로를 무가치하고 매력 없는 존재로 본다면 위축되고 움츠려들고 소심해질 것이며, 스스로를 실력 있고 가치 있고 존경 받을 수 있는 존재로 생각한다면 더욱 자신감이 생기게 될 것이다.

2. 있는 그대로의 나를 긍정적으로 받아들인다.

'나는 어떤 사람인가?'를 알아가는 과정 중에서는 좋은 점과 밝은 면도 있지만 초라하고 부족한, 남에게 드러내 보이고 싶지 않은 면도 발견하게 될 것이다. 늘 좋은 면만 사람들에게 보이고 살 수는 없는 것이다.

사고 후 나의 다리는 짝짝이가 되었다. 전에는 잘 빠진 각선미를 보여주기 위해 짧은 스커트를 즐겨 입기도 했었다. 그리고 누군가가 "와, 각선미 죽이는걸!" 하고 칭찬을 하면 그것을 당연하게 받아들였었다.

그런데 지금은 사고 후유증으로 다리의 사용 강도가 달라지면서 어느새 두 다리의 굵기도 달라졌다. 그래서 한여름에도 긴 바지만 입게 되었다.

그러다가 이번 여름에 처음으로 용기를 내어 반바지를 입어본 적이 있다. 그때 친한 지인이 "쭉 뻗은 다리가 예쁜데." 하고 한마디 해주었다. 새삼 그 말이 어찌나 반갑고 기분 좋던지.

일장일단이라는 말이 있다. 바늘과 실이 한 쌍이듯 장점과 단점도 한 쌍이라고 한다. 누구에게나 부족하고 초라해서 드러내 보이고 싶지 않은 면이 있다. 자신의 그런 부분을 조금 더 사랑해주고 관심을 가져 나의 긍정적 이미지로 변화시켜 보자.

3. 나 자신을 감추지 말고 개방시켜라.

자신의 입장을 명백히 하고 자기 자신을 남에게 보여줌으로써 타인이 자신을 제대로 이해하고 알 수 있도록 하는 것은 중요하다. 그렇다고 해서 일일이 내가 어떤 사람인지, 뭘 하는 사람인지를 설명하라는 게 아니다.

중요한 건 다른 사람과의 관계에 있어 마음을 여는 것이다. 다시 말해 다른 사람과 감정이나 의견을 교환할 때의 태도를 그렇게 하라는 것이다.

나의 걸음 속도는 다른 사람의 다섯 걸음에 한 걸음 정도 될 정도로 느리다. 그러다 보니 다른 사람과 같이 걷는 걸 피해왔다. 동행자가 답답해 할까봐 지레 "먼저 가세요. 전 천천히 갈게요."라고 늘 말해왔다.

하지만 언제부터인가 그러지 않는다. 느림보 걸음이지만 "절 좀 도와주실래요?", "많이 느릴 텐데 그래도 함께 걸으실래요?" 하면서 천천히 같이 걷는다.

그런 동행을 몇 번 했던 한 지인이 이런 말을 했다.

"참 바쁘게 돌아가는 세상에 앞만 보고 걸었는데, 같이 걷다 보니 주변도 둘러보고 산책하듯 천천히 걷는 것이 즐거운 것 같아."

물론 그렇게 말해주는 데는 나에 대한 배려와 애정도 담겨 있으리라. 그래도 나는 그렇게 말해주는 것이 감사하고 행복했다. 혹 누군가는 그런 나의 느린 보행에 답답함과 짜증을 느낄 수도 있을 것이다. 그러나 나는 그런 동행을 가능하면 피하지 않을 것이다.

내가 나의 마음을 긍정적으로 열고 사람들에게 다가가야만 그들도 나를 더 많이 이해하고 받아들일 수 있는 폭이 커진다는 걸 이제는 안다. 그리고 그런 과정을 거치면서 나는 보다 더 행복한 삶에 가까워지고 있다.

이런 변화는 나의 이미지도 밝고 긍정적인 것으로 바꾸어놓았다. 긍정적인 마음은 자신감으로 변하고, 자신감은 곧 신체적으로 나타나 또렷한 눈초리, 정갈한 행동, 자신 있는 발걸음, 조리 있는 말과 행동으로 자신이 뜻하는 바를 정확하게 표현하게 하여 상대에게 긍정적인 이미지로 전달된다.

그리고 그런 긍정적인 생각과 행동들이 무르익었을 때 시간은 어느새 그 사람에게 조용히 행복이란 꾸러미를 내려놓는다. 그리고 그 행복이란 선물은 이렇게 말한다.

"나는 아무에게나 쉽게 가지 않아요. 오래 잘 견디고, 기쁜 마음으로 내 이름을 불러주는 사람에게만 간답니다."

CHAPTER 06

신념이 있는 한
쓰러지지 않는다

언젠가 좋은 강의가 있어서 들으러 간 적이 있었다. 그때 강사로 나오신 분이 참석자들에게 '가장 좋아하는 단어'를 고르라고 한 적이 있었다. 나는 '열정'과 '신념' 두 단어를 놓고 망설이다가 결국 '신념'이라고 대답했다.

신념(信念)은 글자 그대로 '信＋念', 즉 마음속의 생각을 믿는다는 것이다.

사실 사고 전에는 이 뜻이 지금처럼 절실하게 와 닿지 않았다. 그러나 지금은 분명하게 안다. 사람은 그 자신의 생각대로 만들어진다는 것을. 나는 지금의 나야말로 내 신념과 의지의 결과라고 자신 있게 말할 수 있다.

"평생 하반신 마비로 살아야 합니다."

의사로부터 처음 이 말을 들었을 때 내 귀엔 "당신은 사망했습니다." 하는 것만큼이나 충격적으로 들렸다. 하루아침에 차가 전복되는 사고를 당하고 몇 시간도 안 지나 이런 진단을 받았다면 누구라도 제정신일 수 없을 것이다.

나 역시 그랬다. 내 머리가 어떻게라도 되어서 그 고통스런 현실을 인지하지 못하는 게 차라리 낫겠다고 생각했다. 게다가 의사의 그 진단은 거의 확정적인 것이었다. "차차 나아질 겁니다."라는 말이라도 들었다면 그처럼 비관하지는 않았을 것이다. 오히려 의사는 나와 가족들에게 "나아질 거라는 기대는 하지 않는 게 좋을 겁니다." 하는 확인사살까지 해두었다.

사고가 나는 그 순간부터 내 인생의 주사위는 그렇게 내 의지의 영역 밖으로 던져진 것이었다. 사랑하는 식구들이 내 옆에 있었지만 어떤 말도 위로나 힘이 되지 않았다. 그 순간만큼은 이 세상에서 나만 지옥에 던져진 듯한 심정이었다.

내가 느끼는 한 세상은 그랬다. 세상은 아무것도 달라지지 않았고, 나를 제외한 모든 사람들은 여전히 행복하고, 오로지 나 혼자만 세상에서 가장 비참하고 비극적인 주인공이 되어 있었다. 그때의 억울함과 비통함과 분노는 어떤 말로도 설명할 수 없는, 그리고 오로지 나만의 것이었다.

나만 달라진 건 아니었다. 나를 대하는 사람들의 태도도 달라졌다. 사고 전에는 나에게 "앞으로 무슨 계획이 있어?", "인생의 최종 목표는 어디까지 가는 거야?" 하며 묻던 사람들이 사고가 난 뒤에는 "살아 있는 것만 해도 감사한 일이지."라고 말했다.

세상에! 얼마나 잔인하고 냉정한 현실이란 말인가. 내 몸은 만신창이가 되었는데, 하반신을 쓸 수 없다는데 그래도 살아 있음에 감사해야 한다니! 도대체 누구를 위한, 무엇에 대한 감사란 말인가!

나는 속으로 통곡을 하였다. 살아 있음이 결코 나에게 감사함이 아니라고 나는 울부짖고 싶었다.

퇴원을 한 뒤에도 나에 대한 사람들의 평가는 냉혹하고 잔인하기만 했다. 여전히 내 몸이 불완전하다는 걸 알게 된 사람들은 이제 내가 해야 할 일이라곤 아무것도 없다는 식의 말들을 했다.

그들은 겉으로는 "그 몸으로 괜찮겠어?" 하면서 염려해주었지만, '그냥 집에나 있지. 성치도 않은 몸으로 뭘 하겠다고…….' 하는 시선들을 보내고 있었다.

사람들은 그런 식으로 장애를 가진 사람들에게도 삶의 질이 중요하다는 걸 잘 인정하지 않았다. 나에게도 그런 편견의 벽과 싸워야 하는 시간이 있었고, 그건 지금도 툭하면 내 발목을 잡고 물고 늘어지기 일쑤다.

지금 나는 나름대로 내 방면에서 인정을 받고 있다. 내가 연단에 서서 강의를 할 때 아무도 날 장애를 가진 강사라는 편견으로 대하지 않는다. 그들은 내가 하려는 강의 내용에만 귀를 기울이고 그 내용의 좋고 나쁨으로만 나를 평가할 뿐이다.

나는 강의를 하는 데 있어서 하체가 불편하다는 게 조금도 장애가 되지 않는다. 나는 태권도 선생도 아니고 무용 선생도 아니다. 나는 이미지 메이킹 전문 강사이다. 내 몸의 불편함이 내가 강의하려는 내용에 어떤 방해 요소도 되지 않는다는 걸 자신 있게 말할 수 있다.

그러나 세상은 생각보다 관대하지 않았다. 그래서 나는 한때 깊은 상처를 받았었다.

퇴원 후 복직해서 하던 캐디 교육 매니저를 그만두고 이미지 메이킹 강사로 진출하기 위하여 집중적인 공부를 하러 다닐 때였다. 그 방면에서 꽤 알려진 P선생님의 강의가 있어서 적지 않은 수강료를 내고 들으러 다니게 되었다.

물론 그 선생님은 나를 따뜻하게 맞아주었고 내 사연을 듣고 나서는 열심히 해보라고 격려를 아끼지 않았다. 그러면서 내게 이전의 교육 경험도 있으니까 오래지 않아 강사로서의 소양을 갖추게 될 거라고 말했다. 물론 내게 맞는 강의 자리도 만들어줄 것을 약속했다.

이 방면의 좋은 강의들을 들으러 다니면서도 한편으론 자신감이 결여되어 있던 게 사실이었다. 과연 내가 자질만 갖춘다고 누가 나를 강사로 불러줄까 하는 자격지심도 들었다. 그런데 P선생님이 호의적으로 대해주니 캄캄했던 터널에 한줄기 빛이 들어오는 듯 희망이 보였다.

그런데 얼마 후 나는 뜻밖의 말을 듣게 되었다. 누구보다 내 편이 되어줄 줄 알았던 P선생님이 뒤에서는 이런 말을 했다는 것이다.

"그런 몸을 해가지고 강사는 무슨 강사! 강사로 소개시켜 주었다가 욕이나 먹기 십상이지. 이 분야로 나가려면 일단 몸이 멀쩡해야지…… 그런 몸으로는 어려워. 나야 뭐 본인이 원하니까 말리지는 않았다만 누가 그런 강사를 환영하겠어?"

함께 강의를 듣는 동료로부터 그런 말을 전해 듣는 순간 뒤통수를 심하게 얻어맞은 듯한 충격을 받았다. 믿고 의지했던 선생님이 오히려 나에 대한 진로 문제를 가장 부정적으로 말씀하셨다니……

그 후 그 선생님을 유심히 지켜보면서 내게 했던 식의 편견들을 다른 사람들에게도 똑같이 저지르는 걸 볼 수 있었다.

"그 친구는 학벌이 약해서 안 돼."

"○○는 외모가 받쳐주질 않아서 곤란해."

그러한 발언들은 그 선생님이 그때까지 강조해온 강의 내용과도 대치되는 거였다. 이미지 메이킹 분야, 특히 내적 이미지 메이킹에 있어서 가장 중요하게 언급하는 건 그 사람의 의지와 신념, 거기에 전력을 기울이는 열정 같은 것이었다.

그리고 우리 사회에 존재하고 강요받는 온갖 종류의 편견과 장애를 어떻게 극복할 것인가도 중요한 이미지 메이킹의 한 요소였다. 누군가 그런 편견을 휘두른다면 선생님은 오히려 그 사람을 설득해서 편견을 갖지 않도록 해야 하는 위치에 있었다.

"김미희 씨의 몸이 그렇다고 좋은 강사가 될 수 없다니! 누가 그런 말도 안 되는 소리를 하고 있어? 사람의 의지나 신념은 그런 장애를 뛰어넘을 수 있다는 거, 그걸 김미희 씨가 제일 잘 아는 사람 아니야? 그러니 누구보다 이 방면에서 훌륭한 강사가 될 자격이 있다고!"

만약에 이렇게 말해주었다면 얼마나 좋았을까. 그러나 그 선생님은 그 후에도 내게 똑같은 태도를 보여주었다. 그래서 강사 교육을 함께 받은 다른 사람들이 이런저런 강의를 소개받을 때에도 나는 구경만 하고 있어야 했다.

그걸 보면서 내가 좌절을 하고 있을 때 나에게 힘을 준 지인이 있었다.

"그 사람 때문에 상처받을 필요 없어. 그 사람은 자신이 편견의 안경을 쓰고 있다는 사실조차 모르고 있을 테니까. 중요한 건 사실을 알았으니 기대를 하지 말라는 거지. 기대를 접으면 미워할 일도 생기지 않을 거야. 그러나 여기에서 좌절하고 포기한다면 그 선생이 말한 대로 되는 거잖아. 그 선생이 틀렸다는 걸 보여주려면 김미희 씨가 자신의 신념을 꺾지 않아야 해. 신념을 잃지만 않는다면 세상은 분명 그 사람에게 기회를 주게 되어 있거든."

그랬다. 나는 그분의 충고처럼 나와 같은 장애를 가진 사람은 좋은 강사가 될 수 없다는 게 얼마나 그릇된 편견이었는지 보여주고 싶었다. 그래서 중간에서 포기하고 싶어질 때마다 P선생님의 잔인한 말들을 되새기고 또 되새겼다.

그래서 더 많은 시간을 할애해 더 많은 강의들을 들으러 다녔다. 좋은 강사가 되기 위해 유명하다는 강사의 강의는 거의 다 쫓아다녔다. 그분들의 강의 방식과 화법, 태도, 표정, 주요 핵심 내용들을 일일이 기록하고 분석하였다. 그리고 그 방면의 좋은 책들은 하나도 빠뜨리지 않고 구입해서 읽고 또 읽었다.

그분들이 최고의 강사라지만 그 사람들과 같아선 안 된다고 생각했다. 그 사람들과 달라야 하고 그들보다 더 나아야 한다.

난 강사가 되기 위해서 많은 시간을 투자했고 신체적 열등감과 열세함으로 많은 어려움을 겪었다. 2~3시간 이상 앉아 있을 수 없는 체력도 문제였고 신체적 장애도 문제였다. 하지만 난 이런 건 내가 하고자 하는 일에 방해가 된다는 생각을 하지 않았다. 나는 하루에도 수십 번씩 이런 주문을 외웠다.

"난 할 수 있고, 해야만 한다."

믿음은 태산도 움직일 수 있다고 했다. 나 스스로 내가 하는 일에 별 가치를 두지 않는다면 아무것도 해낼 수 없을 거란 생각을 했다. 나에 대한 불신은 시간이 흐르면서 나를 더욱 위축시키고 소심하게 만들어 표정이나 대화의 태도, 걸음걸이, 일상적인 행동에까지 배어들게 할 것이며, 그러한 것들은 주변 사람들로부터 나를 더욱 과소평가하게 만들 것이다.

하지만 자신에게 가치가 있다고 믿으며 행동하면 이는 태도와 자세로 나타나게 되며, 그것이 긍정적 효과를 나타내어 다른 사람들로 하여금 꼭 해낼 것이라는 믿음까지 들게 한다.

히딩크는 월드컵 때 인터뷰에서 이런 말을 했다.

"한 번에 좋아지기를 기대하지 않는다. 단, 하루에 1%씩 기량을 향상시켜 100%를 만들겠다."

생각이 그 사람을 만든다고 했다. 자신의 생각을 믿어야 한다. 당신 스스로 희망적이고 긍정적인 생각으로 자신의 마음을 무장해야 한다. 그리하여 나는 지금 내가 원하는 일을 하고 있다. 나의 믿음처럼 장애는 나에게 장애가 되지 않았다.

그것은 나 혼자 이룬 게 아니었다. 많은 사람들이 기꺼이 휘청거리는 내 몸과 마음을 부축하여 주었고, 나는 내 능력의 100% 이상을 보여주기 위해 노력했다. 그러다 보니 매일매일 그만큼의 변화가 덤으로 주어졌다. 잡지와 신문에 기사가 났고 방송에서도 내 스토리를 기꺼이 소개해주었다.

내 신념은 내가 꿈꾸던 것, 그 이상의 것을 나에게 선물한 것이다.

그리고 무엇보다 내가 옳았다는 걸 P선생님에게 보여주게 되어 나 자신이 대견했다. 내 장애를 장애로만 받아들이던 P선생님의 태도도 달라졌다. 제자로 인정하기를 그토록 거부하던 선생님이 당신 입으로 내가 자신의 애제자임을 강조하고 있다는 것이다. 내가 상처받은 것에 대한 대가는 그걸로 충분했고, 나는 그분의 편견으로부터 이미 벗어난 사람이었다.

CHAPTER 07

강사님,
정말 감동 먹었어요!

"강사님! 강사님!"

강의실을 나와 엘리베이터 앞에 서 있는데 누군가 큰소리로 부르는 소리가 들렸다. 돌아보니 방금 강의를 마치고 나온 H회사의 직원 몇 명이 뛰어오고 있었다.

무슨 일인가 싶어서 그쪽을 계속 바라보았다. 그때 나의 표정은 이런 거였다.

'혹시 제가 뭐라도 두고 나왔나요? 아니면 무슨 질문이라도?'

남녀 대여섯 명쯤 되는 직원들은 단숨에 우르르 몰려 와서 내 앞에 섰다. 뛰어오느라 모두들 상기되어 있었지만 표정은 환하게 웃고 있었다.

신입사원 교육이었던 만큼 모두 풋풋하고 생기발랄한 표정들이었다. 보기만 해도 절로 환해지는 밝은 웃음들을 따라 나도 미소를 지어 보였다.

"저, 이거……"

그 중에 한 여직원이 쑥스러워하며 나에게 무언가를 내밀었다. 녹차 음료수 캔이었다.

"저에게 주시는 거예요?"

선뜻 손을 내밀어 받지 못하고 물었다.

"네, 강의하시느라 목마르실 것 같아서요. 그리고 그 가방 우리한테 주세요. 우리도 어차피 내려가야 하니까요."

그러면서 연신 사양하는 내게서 무거운 노트북 가방을 가로채 갔다. 음료수에 가방까지 들어주는 친절에 몸 둘 바를 모를 정도로 황송했지만 기분은 좋았다.

엘리베이터에서 내려가는 동안 가벼운 이야기들이 오갔다. 처음 신입사원 교육을 받고 있는 그들로서도 이런저런 생각이 많은 듯했다. 이윽고 1층에 도착해 의례적인 인사를 하고 그들과 헤어졌다.

차가 세워져 있는 쪽으로 걸어가고 있는데 갑자기 뒤에서 이런 목소리가 들려 왔다.

"강사님! 오늘 강의 정말 감동 먹었어요! 멋지세요!"

큰소리에 놀라 돌아보니 방금 전의 그 직원들이었다. 그들은 나에게 엄지손가락을 세워 보이며 웃고 있었다. 그걸 보는 순간 온몸에 전기가 통하는 듯 짜릿한 전율이 전해졌다.

"아!"

차문을 열고 운전석에 앉으면서 나도 모르게 안도의 한숨이 새어 나왔다. 그러면서 온몸의 긴장이 풀리기 시작했다.

강의하기 며칠 전부터 시작된 긴장은 강의하는 내내 내게서 떠나지 않고 나를 괴롭히고 있었다. 그런데 방금 전까지 온몸을 조여 오던 긴장은 그 직원들의 한마디에 순식간에 사라져버렸다.

'미희야, 드디어 해냈구나…….'

나도 모르게 뜨거운 눈물이 흘러내렸다. 한참을 그 자리에 앉아서 마음을 가라앉혔다. 결코 잊을 수 없는 순간이었다. 암흑 같은 터널을 지나 이제 막 밝은 곳으로 첫발을 디뎠고, 더 멀리 나아갈 수 있겠다는 희망이 생기는 순간이었다.

그렇게 나의 첫 강의가 시작된 것이다. 결코 오지 않을 것 같던 날이 온 것이며, 나는 드디어 '이미지 메이킹 강사 김미희'로서의 첫 강의를 무사히 마칠 수 있었던 것이다. 게다가 강의를 들은 직원들로부터 감동적인 강의였다는 칭찬까지 들었으니, 나의 첫 강의는 성공적이었던 셈이다.

그 순간 나는 모두에게 감사했다. 나도 모르게 "감사합니다. 감사합니다." 하는 인사가 새어 나왔다. 내 옆에서 눈물의 시간들을 함께 해준 가족들에게도 감사했으며, 나를 믿고 강의를 맡겨준 H회사의 교육 담당자에게도 감사했고, 내 첫 강의를 기쁘게 들어준 수강생들에게도 감사했다. 그리고 무엇보다도 내가 자신감을 잃고 있을 때 힘을 준 Y선생님께 감사했다.

사실 굳이 따지자면 H회사의 강의가 첫 강의는 아니었다. 이전에 이미 YMCA에서 고등학생들을 대상으로 이미지 메이킹 강의를 한 적이 있었다. 물론 그때엔 정말 심하게 떨고 긴장했었다.

강의를 마치고 나는 심한 좌절에 빠졌었다. 강의 현실에 맞닥뜨리면서 내가 과연 강사로서의 자질을 갖추었는지도 의심스러웠다. 강사로서의 나는 그다지 상품성이 없다고 여겨지자 갑자기 눈앞이 캄캄했다.

무엇보다도 첫 강의 시간에 수많은 수강생들 앞에 다리를 절면서 나가 힘겹게 강의를 하는데, 그런 내가 한없이 창피했다. 내 강의보다 내 불편한 다리에 더 관심을 갖고 놀리고 있는 건 아닌가 하는 자괴감까지 들었다.

그렇게 실의에 빠져 있을 때, 내 고민을 들은 Y선생님이 이런 말을 해주었다.

"다리가 그런 게 어제오늘 일이야? 그건 처음부터 예상했던 거잖아. 사람들 앞에 나서는 게 창피했으면 집에 있었어야지. 밖으로 나오기로 한 순간 그걸 부끄럽게 여기면 안 된다는 거 각오한 일이잖아. 그리고 미희가 왜 좋은 강사가 될 수 없어? 미희에게는 자신만이 경험한 인간 승리의 스토리가 있잖아. 다른 사람들이 재미와 웃음으로 승부한다면 미희는 감동을 주는 강사가 되는 거야. 자신이 어떻게 역경을 극복하고 오늘날 그 자리에 서게 되었는지, 그리고 그것이 어디에서 온 것인지를 설득력 있게 이야기하면 되는 거야. 김미희의 성공 스토리야말로 생생하게 살아 있는 의지의 스토리라고. 자! 인간 승리의 주인공 김미희 강사 만세!"

그날의 그 조언은 나에게 다시 일어서게 하는 용기를 주었다.

'그래, 나는 나만의 경험이 있어. 그건 아무나 할 수 있는 경험이 아니었고, 그래서 나밖에 할 수 없는 이야기가 될 거야. 나는 사람들에게 말할 수 있어. 자신의 의지와 신념이 그 사람에게 얼마나 큰 영향을 주는지, 그 사람의 긍정적인 신념과 믿음이 자신의 운명을 어떻게 변화시키는지를. 그래, 나는 사람들에게 그걸 말하겠어.'

그렇게 나를 추스르면서 나는 심기일전하여 강의 준비를 다시 시작했다. 그러나 내가 아무리 마음을 다잡아도 강의 요청이 오지 않으면 모두 소용없는 일이었다.

나는 강의가 들어오기를 진심으로 열망했다. 강사 김미희만이 할 수 있는 강의가 무엇인지를 깨달았기에 나는 잘할 수 있다는 자신감이 있었다.

그리고 마침내 H회사의 신입사원 교육 요청이 들어왔다. 나는 정말 뛸 듯이 기뻤다. 그리고 진심으로 감사했다. 나에게 강의를 소개시켜 준 분과 한 번도 내 강의를 듣지 않은 상태에서 나를 믿고 강의 요청을 해준 분께.

그렇게 해서 이루어진 H회사의 강의였던 것이다. 지난 기억들이 주마등처럼 스치고 지나갔다. 그러면서 나는 비로소 기쁨의 눈물을 닦고 웃을 수 있었다. 강사 김미희의 새로운 인생은 그렇게 시작되었다.

CHAPTER 08

마음이 먼저 웃어야
얼굴도 따라 웃는다

어느 날 아침이었다. 일어나서 거울을 보니 얼굴이 잔뜩 부어 있었다. 사고를 당한 이후 기온이 변하거나 날이 흐리면 컨디션도 안 좋아지고 몸도 얼굴도 자주 부었다.

그래도 강의 시간에 맞추기 위해 일어나 채비를 서둘렀다. 그렇지만 강의실에서만큼은 늘 잘 보이고 싶은 욕심이 있는 터라 가는 내내 마음에 걸렸다.

'얼굴이 부으면 푸석푸석해 보이고, 인상도 평소와는 다르게 굳어 보일 텐데…….'

강의실에 들어가서도 여전히 신경이 쓰였다. 그러다 보니 얼굴은 웃으면서 "여러분, 좋은 아침이죠? 반가워요." 하고 말하지만 마음은 활짝 웃지를 못하게 되었다.

그런데 신기한 건 내가 말하지 않아도 그런 내 마음 상태를 수강생들은 다 느낀다는 것이다. 내가 얼굴만 웃고 있는 건지 마음까지 환하게 웃고 있는 건지 말이다. 그건 내가 강의실을 들어서고 5분도 지나지 않아 저절로 알게 된다.

'저 선생님은 무언가 안 좋은 일이 있는 게 틀림없어.'

'저 강사는 지금 아무렇지 않은 척하시만 아마도 행복하고 좋은 일이 가득한 것 같군.'

수강생들은 자리에 앉아서도 강사들의 마음 상태를 다 알아차릴 수 있다. 얼굴에 그 사람의 마음이 고스란히 드러나기 때문이다. 그래서 내가 흥이 나서 강의를 할 때와 마음에 고민을 안고 강의를 할 때의 수강생들의 반응은 천지 차이다.

내 마음에 다른 걱정이 가득할 때엔 아무리 겉으로 방긋방긋 웃으며 강의를 해도 수강생들은 진심으로 그걸 받아들이지 않는다. 내 얼굴이 껍데기만 웃고 있다는 걸 느끼기 때문이다.

우리는 사람의 마음을 읽는다고 하면 흔히들 초능력자나 심령술사들을 떠올린다. 하지만 사람의 마음을 읽는 것은 생각보다 훨씬 쉬운 일이다. 그 사람의 입이나 행동이 아무리 감추려고 해도, 다른 말을 하고 있어도 우리는 저절로 상대의 진심을 읽게 된다.

"사랑을 알리는 데 말은 필요 없다."라는 말이 있다.

"나는 당신을 사랑합니다."

"나는 당신을 신뢰합니다."

"나는 당신이 정말 싫어요."

이런 것들은 꼭 말로만 전달되는 게 아니다. 태도는 마음의 거울이고 생각을 비춰준다. 내가 어떤 생각을 가지고 있는지는 내가 생각함과 동시에 행동으로 나타나며, 다른 사람들은 그런 행동과 태도를 보고 나의 마음 상태나 생각을 읽어낸다.

따라서 사람을 대할 때 자기 마음이 실리지 않으면 상대의 마음을 움직일 수 없음을 알아야 한다. 우리가 "너를 사랑해."라는 말을 할 때에도 그 말에 실리는 억양이나 표정, 눈빛, 태도 등에 따라서 얼마든지 느낌이 달라질 수 있다. 결국 대사 이외의 것들을 좌우하는 것은 거기에 담기는 그 사람의 '마음'이라고 할 수 있다.

모 방송국 개그 프로그램의 한 코너에 '전국 일등'이라는 캐릭터가 나온다. 이 캐릭터는 닉네임 그대로 공부도 잘할 뿐 아니라 모든 걸 다 잘하는 완벽한 학생이다.

도무지 선생님의 속을 상하게 할 이유가 전혀 없을 것 같은 학생이다. 그런데 너무나 완벽한 이 학생에게도 치명적인(?) 단점이 있으니, 그것은 세상을 다 우습게 보는 안하무인이라는 것이다.

그러니 이 '전국 일등'은 모범적인 일등 캐릭터와 싸가지 없는 안하무인 캐릭터를 모두 보여주어야 한다. 이 상반된 극과 극의 양상을 이 개그맨은 억양과 태도, 눈빛을 통해 보여준다.

우선 처음에 등장할 때는 "선생님!" 하면서 두 손을 앞으로 가지런히 모으고 밝은 표정으로 해맑게 선생님과 대화를 나눈다. 그때까지만 보면 '전국 일등'은 누가 보더라도 최고의 모범적인 학생이다. 그런데 어느 순간 갑자기 태도가 돌변해버린다.

두 손을 바지 주머니에 넣고는 다리를 건들거리는가 하면 삐딱한 자세로 눈을 내리깔고 억양은 건방지기 짝이 없다. 그걸 지켜보면서 사람들은 이구동성으로 "재수 없어!"를 외친다.

개그 소재이긴 하지만 그걸 보면서 사람의 말과 태도에 따라 느낌이 얼마나 다른지를 극명하게 보여주는 좋은 사례이다.

이렇듯 사람의 태도와 행동은 자신의 생각과 감정을 표현해내고, 우리는 그 태도와 행동에서 마음을 읽어낸다. 자신도 모르는 사이에 나의 태도와 행동을 통해서 상대방에게 나의 의중을 읽히고 있는 것이다.

상대방에게 말을 하기 이전에 이미 우리의 얼굴은 우리가 하려는 내용을 담게 된다. 만약에 우리가 누군가를 만났을 때 그 사람이 정말 반가운 사람이라면 우리의 입에서 "와, 정말 반가워. 보고 싶었어!" 하는 말이 나오기 전에 얼굴부터 웃고 있을 것이다. 또한 누군가에게 화가 나서 욕이라도 하게 되면 입보다 먼저 우리의 얼굴 근육이 잔뜩 일그러지게 된다. 얼굴의 표정을 지배하는 것은 마음이기 때문이다.

그러므로 우리는 다른 사람을 대할 때 우리도 모르게 '재수 없어!' 하는 느낌을 상대에게 주지는 않는지 염두에 두어야 한다. 말로 아무리 번지르르한 대사를 해도 우리가 진심을 담지 않는다면, 그 말을 할 때의 태도나 억양이 상대방을 배려하지 않는 것이라면 좋은 대화자가 될 수 없다.

상대방에게 손을 내밀 때 혹은 상대방에게 미소를 지어 보일 때,

자신이 껍데기만 웃고 있는 건 아닌지, 또 마음까지 웃고 있는지를 시시때때로 점검해볼 필요가 있다.

CHAPTER 09

피할 수 없다면
즐겨라

터질 것만 같은 행복한 기분으로 / 틀에 박힌 관념 다 버리고 이제 또

맨주먹 정신 다시 또 시작하면 / 나 이루리라 다 나 바라는 대로

지금 내가 있는 이 땅이 너무 좋아 / 이민 따위 생각 한 적도 없었고요

금 같은 시간 아끼고 또 아끼며 / 나 비상하리라 나 바라는 대로(빙고!)

산 속에도 저 바다 속에도 / 이렇게 행복할 순 없을 거야 / 랄랄랄라

구름 타고 세상을 날아도 / 지금처럼 좋을 수는 없을 거야 / 울랄랄라

모든 게 마음먹기 달렸어 / 어떤 게 행복한 삶인가요

사는 게 힘이 들다 하지만 / 쉽게만 살아가면 재미없어(빙고!)

(중략)

모든 게 마음먹기 달렸어 / 어떤 게 행복한 삶인가요

사는 게 힘이 들다 하지만 / 쉽게만 살아가면 재미없어(빙고!)

피할 수 없다면 즐겨 봐요 / 힘들다 불평하지만 말고

사는 게 고생이라 하지만 / 쉽게만 살아가면 재미없어(빙고!)

거룩한 인생 고귀한 삶을 살며 / 부끄럼 없는 투명한 마음으로

이내 삶이 끝날 그 마지막 순간에 / 나 웃어보리라 나 바라는 대로

이 노래는 '거북이'란 팀의 '빙고'란 노래이다.

사람들이 어떤 노래를 좋아하게 되는 건 리듬이 좋아서이기도 하지만 그 안에 담긴 가사가 좋아서이기도 하다.

요즘은 핸드폰 컬러링이 유행이다. 사람들은 이 컬러링을 통해서도 자기 마음을 대변한다. 사랑에 빠진 사람은 사랑의 무한한 기대와 기쁨이 가득한 노래를, 실연의 상처가 깊은 사람은 사랑의 비애가 담긴 노래를 컬러링에 담기도 한다.

노래의 어떤 구절이 가슴에 와 닿으면서 '아, 저 노래는 마치 내 마음을 표현한 것 같아.' 하는 생각이 들면 우리는 그 노래에 빠지게 된다. 좋아하는 노래는 그렇게 만들어진다.

처음에 이 노래를 듣는 순간 경쾌한 리듬과 함께 가사들이 귀에 와 꽂혔다. 나 역시 이 노래를 들으면서 생각했다.

'아, 내가 하고 싶은 말이야.'

모든 게 마음먹기 달렸어

피할 수 없다면 즐겨 봐요

그랬다. 이 노래를 처음 듣던 무렵의 내 마음도 이런 것이었다. 사고는 이미 일어났고 내 몸은 부자유스럽고 달라질 것은 없었다. 그렇다면 그 모든 걸 있는 그대로 받아들이자. 그리고 지금의 나를 사랑하자.

나는 이 노래가 마치 내 인생의 주제곡이라도 되는 양 듣고 또 들었다. 집에서도 듣고 차에서도 듣고, 심지어는 내 핸드폰의 컬러링으로도 설정해놓을 정도였다.

나는 나에게 전화를 걸어오는 사람들이 이 노래를 들으면서 잠시라도 활력을 찾게 되기를 바랐다.

"모든 게 마음먹기 달렸다. 피할 수 없다면 즐겨라."

사실 이 말은 너무 평범한 것인지도 모른다. 그리고 누구나 할 수 있는 말이다. 누구나 할 수 있는 말이면서도 어쩌면 실천하기 어려운 말이기도 하다.

그런 점에서 내가 좋아하는 노래가 하나 더 있다. 황규영의 '나는 문제 없어'란 노래이다.

이 세상 위엔 내가 있고 / 나를 사랑해주는

나의 사람들과 / 나의 길을 가고 싶어

많이 힘들고 외로웠지 / 그건 연습일 뿐야

넘어지진 않을 거야 / 나는 문제없어

짧은 하루에 몇 번씩 / 같은 자리를 맴돌다

때론 어려운 시련에 / 나의 갈 곳을 잃어가고

내가 꿈꾸던 사랑도 언제나 같은 자리야

시계추처럼 흔들린 나의 어릴 적 소망들도

그렇게 돌아보지 마 / 여기서 끝낼 수는 없잖아

나에겐 가고 싶은 길이 있어

너무 힘들고 외로워도 그건 연습일 뿐야

넘어지진 않을 거야 / 나는 문제없어

나는 이 노래를 병원에 누워서 하루 종일 들었다. 하루아침에 찾아
온 나의 비극적인 상황 속에서 내게 힘을 주는 유일한 노래였다.

여기서 끝낼 수는 없잖아 / 나에겐 가고 싶은 길이 있어

너무 힘들고 외로워도 그건 연습일 뿐야

이 대목에선 나도 따라 부르면서 눈물을 삼켰다. 정말 이 노래처럼

여기에서 끝낼 순 없었다. 하고 싶은 일, 이루고 싶은 꿈이 얼마나 많은데…….

나는 지금도 이 노래를 들으면 병원에서의 내가 생각나서 눈이 먼저 젖어 온다. 가끔 지치고 피곤할 때면 이 노래를 들으면서 기운을 얻기도 한다. 그러면서 나에게 타이른다.

'미희야, 지금 너무 힘들면 그때를 생각해봐. 저 노래를 듣던 내의 너는 얼마나 절망적이었니? 휠체어를 벗어던질 수만 있어도 좋겠다고 소망하던 때가 있었잖아. 지금 네가 힘들고 지치는 건 네가 무엇인가 할 수 있기 때문이잖아. 자 너는 문제없어!'

문제는 문제가 아니라는 것.

조금은 진부하게 느껴질 수 있는 말이지만 성공의 비결은 항상 평범한 진리 속에 숨어 있음을 생각하면 이 말이 주는 의미도 남다르게 된다. 그리고 '거북이'의 노래 '빙고'는 그런 점에서 '나는 문제없어'와 그 맥을 같이 한다.

모든 게 마음먹기 달렸어
어떤 게 행복한 삶인가요
사는 게 힘이 들다 하지만
쉽게만 살아가면 재미없어 (빙고)

이 노래는 꿈을 가진 자의, 꿈을 포기하지 않는 자의 내일을 향한 외침이다. 이 가사처럼 과연 어떤 걸 행복한 삶이라고 할 수 있을까.

모든 걸 다 갖추고 산다고 해서 행복이 보장되는 건 아니라는 사실쯤은 이제 어린애들도 안다. 그렇다고 모든 걸 다 잃은 것처럼 보이는 사람의 삶이 가장 비참한 것도 아니다.

행복은 어디에도 없을 수 있고 어디에도 있을 수 있다. 아무리 고통스런 삶이라도 그 고통을 어떻게 받아들이느냐에 따라서 행복할 수 있다. 정말 저 가사들처럼 아무 고민도 없이, 좌절도 없이 쉽게만 살아가진다면 우리 인생은 얼마나 무료하고 무미건조할까.

칼릴 지브란은 이렇게 말했다.

"꿈과 희망이 없는 자들 사이에서 군주가 되기보다는, 실현시킬 포부가 있는 가장 미천한 자들 사이에서 꿈을 꾸는 사람이 되겠다."

지금의 나는 사고 전보다 모든 것이 훨씬 열악하다. 나는 더 이상 젊지도 않고, 몸에는 장애가 있으며, 하루에도 수십 번씩 사고 후유증으로 기절할 만큼의 통증에 시달리며 산다.

그런 나이지만 사고 전의 나보다 지금의 나는 훨씬 희망적이다. 사고 전에는 그저 자신만만하고 오만한 커리어우먼에 불과했지만, 지금의 나는 주변을 돌아보며 쉬었다 갈 줄 아는 여유와 분명한 목표를 가지고 있기 때문이다.

노자는 이런 말을 했다.

"발꿈치를 치켜들고 서 있는 자는 오래 서 있을 수 없고, 발걸음을 크게 떼어놓는 사람은 멀리 가지 못한다. 그러나 멈출 곳을 알면 위태롭지 않을 수 있다."

그리고 청나라의 시인 원매(袁枚)는 그의 '속시품(續詩品)'에서 다음과 같이 말하고 있다.

"빨리 달리는 것과 잘 가는 것을 동시에 완벽하게 할 수는 없다. 갑자기 성장한 것은 망하는 것도 졸지에 망한다."

우리가 살아가면서 쉽게 버릴 수 없는 것이 욕심과 욕망이다. 우리는 욕심 속에서 산다고 해도 과언이 아니다. 사람에 대하여, 물건에 대하여, 외모에 대하여, 돈에 대하여, 사랑에 대하여, 명예에 대하여, 성공에 대하여…….

욕심과 욕망이 클수록 좌절과 실망도 크게 마련이다. 시인 원매의 말처럼 빨리 달리는 것과 잘 가는 것을 동시에 다 잘할 수는 없다. 그런데도 우리는 세상에 존재하는 모든 욕망에 대하여 욕심을 낸다.

그래서 우리 앞에 할 수 없는 상황이 생기거나 문제가 발생하면 견딜 수가 없게 된다. 한없이 처지를 비관하고 원망을 하게 된다. 그것이 쌓이면 더 이상 회복할 수 없는 지경으로 자기를 몰아가게 된다.

중요한 것은 우리가 마음을 어떻게 먹느냐, 마음을 어떻게 다스리느냐 하는 것이 모든 것에 영향을 끼치고 좌우한다는 것이다. 만약에 어떤 문제에 봉착했는데 그것을 해결할 수 없다면, 벗어날 수 없다면 그 역시도 내 인생의 한 부분으로 받아들여 보라. 그러면 적어도 괴로움에서 벗어날 수 있고, 괴로움에서 벗어나는 순간 이미 그 문제에서 한 걸음 벗어날 수 있게 될 것이다.

가질 수 없다면 잊어라.

내 것이 아니라면 버려라.

피할 수 없다면 즐겨라.

살면서 우리는 얼마나 많은 문제와 위기를 만나게 될지 알 수 없다. 그러나 도연명의 이 말처럼 한 걸음 뒤로 물러서서 생각할 수 있다면 우리의 삶은 훨씬 더 빨리 행복에 도달할 수 있으리라.

"어찌 마음 따라, 가고 머무름을 맡기지 않고, 무얼 위해 어디로 허겁지겁 가려 하는가?"

PART 02

장애와 한계를 뛰어넘어
최고가 된 긍정의 파워들

희·망·학·교

CHAPTER 10

말의 힘을 보여준
권투 영웅
_ 무하마드 알리 _

"나비처럼 날아서 벌처럼 쏘겠다."

이 말은 1964년 2월 26일, 22세의 알리가 세계 헤비급 챔피언 소니 리스튼과 링에서 싸우기 전에 한 말이다. 그는 자신의 이 말처럼 거침없는 승부를 펼쳤고, 마침내 8라운드에서 리스튼을 KO로 쓰러뜨리고 세계 헤비급 챔피언이 되었다.

권투를 좋아하지 않는 사람들도 알고 있을 정도로 이 말은 화제가 되었으며 지금까지도 회자되고 있다. 이 짧은 문장을 가만히 들여다보면 우직한 권투선수가 만들어낸 말이라고 하기엔 참으로 재기발랄하고 파워풀하다.

나비는 가벼움과 날렵함의 상징이다. 반면에 벌의 특징은 독을 품고 있다는 것이다. 따라서 빠르고 가볍게 날아가서 치명적인 상처를 주겠다는 뜻을 담고 있으니 권투선수가 할 수 있는 최고의 비유라고 할 수 있다.

이 말을 헤비급 권투선수인 알리가 했을 때 처음엔 사람들이 웃었다. 그때까지만 해도 재치 어린 조크에 불과했다. 그러나 그 말대로 알리가 실제 시합에서 소니 리스튼을 쓰러뜨렸을 때엔 이 말은 단순한 조크가 아니었다.

그 후 알리가 시합을 앞두고 하는 모든 말들은 그의 경기 결과를 예측하게 하는 놀라운 암시로 작용하였다.

선수로 활동하는 동안 그는 통산 전적 61전 56승(37KO) 5패라는 경이로운 기록을 남겼다. 그리하여 그의 이름은 세계 권투 역사에서 중요한 페이지를 장식하였다.

〈타임〉지에서는 20세기 위대한 인물 20인에 그를 선정하였고, CNN에서는 20세기 최고의 스포츠 영웅으로 그를 선정한 바 있다.

지금은 비록 파킨슨병을 앓는 무력한 노인에 불과하지만 그는 여전히 사람들에게 최고의 스타요 영웅이다. 그는 세계의 복싱 역사를 바꾸었고 복싱 스타일을 바꾸었다. 그리고 무엇보다 말의 보이지 않는 영향력을 증명해 보인 인물이다.

그는 시합을 앞두고 매번 자신이 어떻게 이길 것인가를 공언함으로써 상대방의 심리를 위축시켰고, 더불어 자신이 한 말을 증명해 보이기 위해 전력을 쏟아 부었다. 그는 자신이 뱉어놓은 말처럼 이기기 위해선 필사적으로 싸워야 한다는 걸 알고 있었다.

그리하여 그 스스로도 자신의 승리의 반은 주먹이 아닌 말에 있었다고 인정하였다. 어느덧 사람들에게 시합을 앞두고 그가 무슨 말을 할지가 화제가 되었다. 우선 그는 말의 묘미를 아는 사람이었다.

단지 그가 "상대를 반드시 이기고야 말겠다!"라고만 했다면 그토록 지대한 관심을 보이지 않았을지 모른다. 그의 말이 주는 매력은 무엇보다 그 표현방법에 있었고, 그 다음은 그의 말대로 시합이 펼쳐졌다는 것이다.

"나비처럼 날아서 벌처럼 쏘겠다."

"소련 전차처럼 쳐들어갔다가 프랑스 미꾸라지처럼 빠져 나오겠다."

"일본군의 진주만 기습같이 하겠다."

또한 몇 라운드에서 상대를 쓰러뜨리겠다고 말한 뒤에 알리는 반드시 그 라운드에서 상대를 KO 시키는 모습을 보여주었다.

그러한 모습을 지켜보면서 전 세계의 시청자들은 그에게 열광했다. 그리고 그의 말대로 경기가 펼쳐질수록 그와 붙는 상대 선수들은 그 자체만으로도 위축이 되었다.

표면적으로는 알리의 말을 무시하였지만, 그동안 보여준 경기 결과만으로도 상대 선수들은 알리가 던지는 말들에 신경을 곤두세울 수밖에 없었다.

알리가 몇 라운드에서의 KO승을 공언했다면 상대 선수는 그 라운드가 되기 전부터 이미 심리적으로 위축이 되고 조바심이 나다가 결국은 그대로 알리에게 참패를 당하곤 하였다. 그것이 말의 힘이었다.

그런 알리의 당당함과 신념에 찬 공언은 스스로에 대한 자긍심과 소신에서 오는 것이었다. 그는 아무도 주목해주지 않는 흑인이었으나, 그런 이유로 차별받아도 마땅하다고 인정하지 않는 용기 있는 흑인 중 한 사람이었다.

그는 미국에서 가장 인종차별이 심했던 미국 켄터키 주의 루이스빌에서 태어난 흑인이다. 따라서 그가 할 수 있는 것은 그리 많지 않았다. 건달이 되거나 공장에 취직해 평생 가난에서 헤어나지 못하고 사는 게 전부였다. 그게 그 시대의 흑인들이 살아가는 전형이었다.

그런 환경에서 자연스레 권투를 배웠는데 타고난 재능 덕분에 17세에 골든 글러브 챔피언이 되었다. 그리고 18세였던 1960년 로마 올림픽에서는 라이트 헤비급 금메달을 획득하였다.

올림픽에서 금메달을 딴 선수는 예나 지금이나 국민적 영웅으로 대접받는다. 알리는 금메달을 목에 거는 순간 그때까지의 모든 고생과 흑인으로서의 차별이 끝났다고 생각했다. 그래서 조국으로 돌아갈 때의 기분은 세상을 다 얻은 듯한 승자의 것이었다.

그러나 알리의 기대는 착각일 뿐이었다. 금메달을 땄을지라도 흑인은 여전히 예외였다. 그는 미국으로 돌아와 처음으로 들른 백인 전용 레스토랑에서 흑인이란 이유로 출입을 거절당하고 말았다.

그 일은 알리에게 심한 모멸감과 충격을 안겨주었다. 금메달 수상자라는 애국적 정서보다 인종의 문제가 더 우선한다는 사실을 안 알리는 '더 이상 자랑이 될 수 없는' 금메달을 허드슨 강에 던져버렸다. 차별이 존재하는 한 그의 금메달 획득은 의미가 없었다.

그 후 1964년 2월에 헤비급 세계 챔피언 찰스 리스톤과 붙어서 권투 역사상 두 번째로 어린 헤비급 챔피언이 되었다. 비록 전 미국인들로부터 환영받고 존중받지는 못했지만, 그의 지명도는 점점 커져 갔다.

그때부터 알리는 자신의 말과 행동이 사람들에게 영향력을 미친다는 걸 알았다. 그래서 그는 자신이 이슬람교도임을 밝히는 동시에 클레이라는 이름 대신 무하마드 알리로 바꾸었다.

그 후 알리는 7차례의 챔피언 방어전에 성공하였고, 종교적 신념에 따라 베트남 참전을 거부했다.

"이것은 평화의 문제가 아니라 힘의 문제다. 왜 나와 내 민족을 공격하지 않은 이들을 내가 공격해야만 하는가?"

그런 그에게 미국 정부는 3년 반 동안 선수자격 박탈과 함께 챔피언 자격을 박탈해버렸다. 그러나 그는 옳지 않은 것에 대하여 대항할 줄 아는 용기 있는 사람이었다.

결국 그는 3년 5개월의 투쟁 끝에 무죄선고를 얻어낼 수 있었다. 그리고 32살의 나이에 당대 최고의 펀치였던 24세의 조지 포먼과의 시합을 펼쳤다. 그 시합은 누가 보더라도 무모한 결투였다. 32살이란 나이는 권투를 하기엔 너무 많은 나이였고, 게다가 조지 포먼은 40연승의 무패 행진을 달리고 있는 최고의 챔피언이었다.

그러나 알리는 포먼과의 대결을 앞두고 특유의 자신만만한 표정으로 이렇게 큰소리쳤다.

"나는 복싱보다 더 위대하다! 나는 당신들이 원하는 챔피언이 아닌, 내가 원하는 챔피언이 될 것이다!"

그리고 마침내 기대조차 하지 않았던 그 세기의 시합에서 포먼을 10회에 KO로 이겼다. 그 후 1978년 9월에는 세 번째로 헤비급 챔피언이 됨으로써 헤비급 사상 최초로 세 번째 왕좌에 오르게 되었다.

그는 단지 흑인 권투 영웅만이 아니었다. 그는 자신이 힘겹게 얻어낸 지명도를 발판으로 세상의 차별과 싸우는 데 기여하였으며 대중을 설득하였다.

그리고 그것이 인종이든 종교든 어떤 식의 편견과 차별로도 불이익을 당하면 안 된다는 신념을 실천하였다. 또한 한 사람의 신념이 깃든 말이 본인은 물론이고 상대방에게도 얼마나 큰 영향을 미치는지를 보여주었다.

내 말은 내 생각과 믿는 만큼 입 밖으로 나오는 것이고, 그게 곧 나를 결정짓는 말이 된다. 긍정적인 말을 하는 사람의 삶은 긍정적으로 변하고, 부정적인 말을 일삼는 사람의 인생은 부정적인 결과를 초래하는 법이다. 말에도 기운이 있고 에너지가 있기 때문이다. 그런 점에서 알리는 권투의 영웅, 말(언어)의 영웅이었던 셈이다.

권투 해설가이자 알리의 영원한 지지자였던 하워드 코셀은 알리에 대해 이 짧은 말로 최대의 찬사를 담아내고 있다.

"알리가 있기에 우리가 있다!"

실명의 장애를
음악으로 승화시키다

_ 스티비 원더 _

I just called to say I love you

I just called to say how much I care

I just called to say I love you

And I mean it from the bottom of my heart

이 노래는 우리나라에서도 잘 알려져 있다. 사랑에 대한 애틋한 마음을 잘 표현하고 있는 이 감미로운 노래를 듣고 있자면, 절로 미소가 나오면서 마음이 충만해진다.

그런데 이 노래를 앞이 안 보이는 가수가 작곡하고 직접 피아노까지 치면서 부르는 걸 본다면 감탄하지 않을 수 없을 것이다.

멀쩡한 사람들도 피아노를 배우고 능숙하게 치려면 고통의 시간이 따른다. 그런데 앞이 보이지 않는 상황에서 노래를 만들어 피아노까지 친다는 건 그 사람이 얼마나 피나는 노력을 기울였을지 짐작하게 한다.

미시간 주 새기노라는 곳에서 태어난 스티비 원더는 어렸을 때부터 보이지 않는 눈 때문에 외롭고 불우한 시절을 보냈다. 보지 못하는 이 가난한 소년에게 아무도 친구가 되어주지 않았다. 오히려 그의 처지를 비웃고 놀려대는 아이들만 있었다.

"야, 보이지도 않으면서 밖에는 왜 나왔냐?"

"재수 없게 장님이! 저리 가지 못해!"

어쩌면 그 역시 다른 맹인아이들과 마찬가지로 자신의 장애를 원망하며 빈민가에서 의미 없는 삶을 살다 갔을 수도 있었다. 그러나 그의 장애가 나쁜 것만은 아니라는 걸 알게 해준 계기가 있었다.

그가 초등학생이었을 때였다. 갑자기 교실에 쥐가 나타나서 일대 소동이 벌어졌다. 여자아이들은 비명을 질러대며 책상 위로 올라갔고, 선생님과 남자아이들은 쥐를 잡으려고 뛰어다니면서 아수라장이 되었다.

그러나 쥐가 순식간에 몸을 숨겨서 찾을 수가 없었다. 선생님은 난감했다. 쥐가 교실 안에 있는 걸 알면서 그대로 수업을 다시 진행할 수가 없는 상황이었다.

그때 선생님이 스티비 원더에게 말했다.

"너는 보지 못하는 대신 남들보다 청력이 발달했을 거야. 그러니 귀를 잘 기울여서 쥐가 어디에 숨어 있는지 찾아내 보렴."

순간 스티비 원더나 다른 아이들은 어리둥절했다. 눈도 보이지 않는 아이한테 귀의 감각만을 이용해서 쥐를 찾아내라니.

그러나 이내 스티비 원더는 선생님의 말대로 귀를 기울여 마침내 쥐가 숨어 있는 곳을 찾아낼 수 있었다. 그런 그에게 선생님은 다시 말했다.

"봐라. 넌 우리 반의 어떤 친구도 갖지 못한 능력을 갖고 있어. 너는 보지 못하는 대신 특별한 귀가 있어."

이 말은 어린 스티비 원더의 인생을 바꾸어놓을 만큼 영혼을 흔들어놓았다. 그에게 아무도 장점이 있다고 말해주는 사람은 없었다. 오히려 그가 자신의 꿈에 대해 말을 하면 사람들은 이렇게 비웃어주었다.

"너같이 가난한 아이는 그렇게 될 수 없어!"

"너는 흑인이라서 안 돼!"

"너는 장님이라서 안 돼!"

그런 스티비 원더에게 선생님의 한마디는 그에게 꿈을 펼칠 수 있는 용기를 주었다. 그는 그때부터 자신의 남다른 청력에 대해 자부심을 갖게 되었고, 자신이 좋아하는 음악에 대한 꿈을 키워갈 수 있게 되었다.

그는 그때의 선생님 말처럼 보지는 못하지만, 그 대신 손의 감각만으로 피아노를 배우고 발달된 청력으로 음악을 만들고 노래를 부를 수 있게 되었다.

그리고 그 소년은 11살에 모타운 레코드사 오디션에 합격하고, 12

살에는 앨범을 발표하여 최연소로 빌보드 차트에 오르고야 말았다. 그 외에도 팝, 락앤롤, 재즈 등등의 분야에서 탁월한 음악 실력을 펼쳐 보였다.

그는 재즈 가수들을 연상시킬 정도의 독창적이고 탁월한 창법을 타고났으며 피아노, 오르간, 하모니카, 드럼 등을 눈물겨운 노력으로 연습한 결과 자유자재로 다룰 수 있게 되었다.

그는 이런 천재적인 음악 실력으로 다른 음악가들에게도 영감을 주는 한편 20세기 후반 가장 창조적인 음악가의 한 사람으로 인정받고 있다. 나아가 1989년에는 로큰롤 명예의 전당(Rock and Roll Hall of Fame) '공연자(performers)' 부문에 오르기도 하였다.

사실 그의 장애는 시력만이 아니었다. 불행하게도 23세에는 자동차 사고를 당하면서 후각마저 잃게 되었다. 그러나 그는 다른 재능을 더 발달시켜서 세계적인 슈퍼스타가 되었다. 특히 그는 자신의 다른 감각과 재능을 훈련시킨 덕분에 무슨 노래든지 한 번만 들어도 금방 재연할 수 있고, 어떤 소재든지 노래를 만들어내는 경지에 이르렀다고 한다.

가난하고 흑인이고 장님이라서 아무것도 할 수 없고, 어떤 꿈도 이룰 수 없을 거라고 사람들이 말한 것처럼 그의 선생님도 같은 말을 했더라면 오늘날의 스티비 원더는 존재하지 않았을지 모른다. "넌 안돼!" 하고 규정짓는 순간 그 사람의 꿈과 이상에 대한 목표도 좌절되는 것이다.

실패할 수밖에 없는 이유도 얼마든지 찾을 수 있고, 성공할 수밖에 없는 이유도 얼마든지 찾을 수 있다. 중요한 것은 내 안의 단점보다 장점을 발견하고 부각시킬 줄 아는 마음이다.

세상에 단점만 가지고 있는 사람도 없고, 장점을 한 가지라도 가지고 있지 않은 사람도 없다. 그러므로 성공으로 가는 시작은 내 안의 장점을 찾아내는 일일 것이다. 나만이 가진 장점을 발전시키고 특화하는 것, 그것이 곧 차별화이며 성공 코드가 아닐까.

자신이 갖지 못한 것에 연연하지 않고 남보다 수십·수백 배의 노력을 해서 뛰어난 뮤지션이 된 스티비 원더도 훌륭하지만, 어린 학생의 장애를 오히려 장점으로 승화시켜 용기를 가질 수 있도록 한 그 선생님도 스티비 못지않게 훌륭한 스승이다. 두 사람에게 박수를!

노숙자에서
벤처기업 CEO의 신화를 창조하다
강신기

몇 년 전만 해도 그의 이름은 그냥 '강씨'이거나 '이봐', '거기'였다. 서울역을 비롯한 여느 역에서 흔히 볼 수 있는 수많은 노숙자들 중의 한 사람일 뿐이었다.

길에서 생활하는 사람들에게는 내일에 대한 희망 없이 하루하루를 연명해가는 일도 벅찬 일이다. 그러다 보니 하루 종일 술에 취해 있거나 사람들에게 구걸을 하거나 별일도 아닌 일에 목숨 걸고 싸우는 일들이 다반사로 일어난다.

강신기 씨는 그들 틈에 섞여서 생각했다.

'비록 내가 노숙자로 전락하고 말았지만 이럴수록 정신을 차리고 버텨야 한다. 내가 저 사람들과 같아지면 나는 이 생활을 영원히 벗어날 수 없을 거야. 내 인생의 목표를 잊지 말자.'

사람은 자기가 보고 생활하는 환경의 영향을 받을 수밖에 없다. 그러나 강신기 씨는 마음이 해이해질 때마다 이를 악물었다. 그는 비록 아무것도 없는 빈털터리였지만, 꿈을 포기하지 않는 한 다시 일어설 수 있다고 확신했다.

1960년에 충남 부여에서 태어난 그는 자라온 환경이 그리 넉넉하지 않았다. 그래서 어려운 학창시절을 보내야만 했다. 그러나 그는 일찍부터 자신의 목표를 향해 모든 에너지를 쏟을 줄 아는 사람이었다. 그리하여 그는 우여곡절 끝에 건강침대 산업에 뛰어들었고 많은 돈을 벌 수 있었다. 그리고 단란한 가정도 꾸릴 수 있었다.

그로써 그때까지 해온 모든 고생이 막을 내리는가 싶었다. 그러나 인생은 그렇게 순순히 그에게 행복을 보장해주지 않았다. 전국을 경제공황으로 몰아넣은 IMF 한파는 그에게도 밀려왔다. 그는 그때까지 이룬 모든 것을 잃고 말았다.

성공이란 정상은 오랜 시간에 걸쳐 얻어졌지만 추락은 순식간이었다. 그는 빚더미에 올라 매일같이 빚쟁이들과 사채업자들의 횡포에 시달렸다. 다른 선택은 없었다.

가족이 함께 벼랑으로 몰리거나 자기 혼자 감당하거나 둘 중 하나였다. 할 수 없이 그는 가족들과 헤어져 노숙생활을 하게 되었다. 그의 이름이 강신기에서 노숙자 강씨가 되는 순간이었다.

그와 비슷한 일을 겪고 거리로 나온 사람들은 자신의 처지를 비관하며 매일 술에 빠져 살았다. 그들은 취하면 이렇게 신세 한탄을 했다.

"아, 옛날이 좋았어……. 그런데 이제 내 인생은 끝났어. 무슨 희망을 가질 수 있단 말인가. 이렇게 살다가 죽는 거지."

그러나 강신기 씨는 고개를 저었다. 꿈과 목표는 가진 자만의 것이 아니라 그것을 꿈꾸는 자들의 것이라고 생각했다. 그래서 그는 희망을 잃지 않았다.

그러던 중 2001년 어느 봄날이었다.

그 당시 아이들에게 킥보드가 대단한 인기를 끌었다. 아이들은 너도나도 킥보드를 하나씩 가지고 있었고, 광장이 있는 곳이면 킥보드를 타는 아이들을 심심찮게 볼 수 있었다. 서울역 광장도 예외는 아니었다.

강신기 씨는 서울역 광장에서 스케이트보드를 타고 노는 아이들을 바라보고 있었다. 그런데 자세히 보니 네 개의 바퀴가 달린 스케이트보드가 전진은 되지만 방향 전환이 자유롭지 않은 것이었다. 그걸 보면서 그는 생각했다.

'두 개의 바퀴로 달리고, 성인들도 이용할 수 있는 스케이트보드를 만들어보면 어떨까?'

그날부터 그의 머리에는 그에 관한 생각과 아이디어들이 떠나질 않았다. 그에겐 새로운 아이디어가 있다 한들 그것을 뒷받침해줄 어떤 형편도 되지 않았다. 그러나 그는 그것에 대한 고민을 멈추지 않았다.

다른 사람들 같으면 그 상황에서 '당장의 끼니도 해결 못 하는 상황에서 무슨 연구를 한단 말인가.' 하고 금방 잊었을 것이다.

그러나 그는 혼자 고민하고 생각한 끝에 에스보드를 만들어낼 수 있었다. 4년여 만에 이루어낸 결실이었다.

그 후 2004년 5월 피츠버그에서 열린 미국 최대 발명품 전시회 INPEX 2004에서 기쁜 소식이 날아왔다. 에스보드가 수천 개의 출품작들을 제치고 최종 대상인 그랑프리를 비롯하여 최고 발명상, 스포츠 부문 금상, 레크리에이션 부문 금상, 완구 및 게임 부문 금상까지 단독 5관왕을 차지했다는 것이었다.

그뿐만이 아니었다. 미국 아이디어 전문회사 CPG사와 '에스보드'의 미국 유럽 제조권 및 판권을 위임하는 계약을 맺고 50만 달러(약 5억 2,500만 원)의 로열티 선지급금을 포함하여 100만 달러(10억 5,000만 원 상당)의 프리미엄을 받기도 했다. 그 외에 향후 수년간 미국과 유럽에서 받게 될 로열티도 상당할 것이라고 한다.

이러한 결실은 저절로 찾아온 게 아니었다. 노숙자 시절에 스스로 절망하고 포기했더라면 오늘날의 위대한 성공은 만들어지지 않았을 것이다. 노숙자 처지에 상품화할 수 있는 아이디어를 꿈꾸고 연구했다는 것은 놀라운 일이 아닐 수 없다. 에스보드의 기적은 우연히 찾아온 게 아니었던 것이다.

"스스로에게 답을 물으며 그 제품에게 그 사람에게 끊임없이 질문을 던집니다. 가능성을 발견하면 50% 이상이 될 때까지 열심히 하죠. 그래도 안 되면 '아, 이건 안 되는구나.' 하고 포기합니다."

그는 자신의 성공은 노숙자였기에 가능했다고 말한다. 그가 더는 추락할 수 없는 가장 바닥까지 떨어져 있었기에 바닥을 차고 올라갈 수 있는 힘을 길렀다는 것이다.

"추락하는 중에는 희망이 없지만 바닥에 닿으면 다시 올라가야겠다는 생각이 시작됩니다. 노숙은 내가 딛고 오를 마지막 바닥이자 구름판이었습니다."

이것은 곧 긍정적인 생각이 낳은 긍정의 결과이다. 바닥에 떨어지는 순간 이제 끝이라고 절망하는 사람은 위로 비상할 수 있는 날개마저 부러뜨리고 마는 것이다. 그러나 바닥으로 떨어진 순간에도 이젠 차고 오를 일밖에 남지 않았다고 마음먹게 되면 없던 날개도 생기게 된다.

요즘 사람들은 너무 절망을 쉽게 한다. 추락하려면 더 내려가야 하는 데도 불구하고 조금만 상황이 나빠져도 현실에서 달아나고자 한다. 신문의 사회면에는 툭하면 일가족 동반자살 기사가 소개된다. 가정경제난에 시달리다가 비관하여 아이들까지 데리고 목숨을 끊기도 한다.

그만큼 요즘 사람들은 어려움이나 고통을 견디는 힘이 부족하다. 그러다 보니 조금만 상황이 나빠져도 쉽게 포기하고 비관하고 극단으로 치닫는다.

그러나 강신기 씨처럼 끝까지 희망을 잃지 않는다면 위로 비상하는 것도 멀지 않은 일이다. 만약에 강신기 씨가 노숙을 하던 자기한계를 인정하고 아무것도 시도하지 않았다면, 그는 지금도 서울역 어디쯤에서 술에 취해 신문지를 덮고 누워 있을 것이다.

현실의 처지를 깨닫는 것은 중요하다. 그러나 현실에 안주하는 것처럼 비겁하고 어리석은 포기도 없다. 자기 자신이 스스로를 포기하면 세상으로부터도 버려진다는 걸 명심해야 할 것이다.

CHAPTER 13

암세포와 싸우며
철인 3종 경기에 도전하다

_ 윤해정 _

한 여자가 있었다. 그녀는 한 남자를 만나 사랑을 했고, 그 남자와 듀엣을 결성해 유명해졌다. 그러나 아이를 낳은 뒤 남자는 여자를 버리고 다른 사람과 듀엣을 결성했다. 여자는 아이와 둘이 남겨졌다. 그리고 난소암 판정……

어느 멜로드라마 스토리가 아니다.

윤해정. 그녀는 1970년대 말에서 1980년대 초반 '그대여', '같이 있게 해주세요' 등의 노래를 히트시키며 인기를 끌었던 부부 듀엣 '동그라미'의 여자 멤버였다.

그러나 그녀의 삶은 고단하고 험난하기만 했다. 중간에서 지쳐 쓰러진다 해도 놀랄 게 전혀 없었다. 그만큼 그녀의 삶은 상처투성이였다.

1958년생인 윤해정 씨는 여고 재학 시절부터 그룹을 결성하여 활동할 정도로 노래에 대한 열망이 컸다. 그러다 그녀는 스무 살에 한 남자를 만나 사랑에 빠졌다. 그녀는 한 남자밖에 보이지 않았다. 그녀의 꿈은 그 남자의 아내로 행복한 삶을 사는 거였다.

그런데 우연히 그녀의 노래를 듣게 된 남편은 그녀에게 듀엣을 결성해 노래를 부르자고 했다. 평범한 삶을 살기를 원했던 그녀는 주저했지만 남편의 집요한 설득 끝에 노래를 부르게 되었다.

젊은 부부가 부른 노래는 가요계에 신선한 바람을 일으키며 인기를 얻었다. 부부는 그야말로 돈과 인기를 손에 쥐며 언제까지라도 행복이 보장될 것 같았다.

그런 그녀에게 어둠의 그림자가 다가오기 시작했다. 첫딸을 낳으면서 듀엣 활동이 어려워지자 남편이 이혼을 요구하고 다른 여자와 새롭게 듀엣 결성을 한 것이다.

그때 윤해정 씨는 26살이었다. 무엇을 시작해도 좋은 나이에 그녀는 상처받고 버림받은 영혼이었다. 주변의 따가운 시선을 견딜 수가 없었고 절망에 빠져 아무것도 할 수 없었다. 어린 딸에게 먹일 게 없어서 동네 사람들에게 돈을 빌리러 다녀야만 했다.

그러다 그녀는 배고파 우는 딸을 보며 정신이 들었다. 언제까지 주저앉아 있을 수는 없었다. 딸을 위해서라도 일어나야만 했다. 그녀는 어린 딸과 함께 살아야 하는 젊은 엄마이자 가장이었다.

그녀는 돈을 벌기 위해 밤무대에서 노래를 불렀다. 그러나 여자 혼자 활동하다 보니 고초가 많았다. 자신을 지키기 위해 품속에 칼을

지니고 다닐 정도였다. 그 와중에 교통사고를 당해 얼굴에 흉터까지 생겼다.

그녀는 더 나은 미래를 위해 딸을 친정에 맡기고 일본으로 건너갔다. 그곳에서 그녀는 노래도 부르고 궂은일도 마다않으면서 악착같이 돈을 모았다.

그렇게 해서 한국으로 돌아와 1995년에 일본식 음식점을 열었다. 힘겨웠던 지난 시간은 잊고 이제 딸과 단란한 생활을 할 수 있다는 희망에 부풀었다. 그러나 그녀의 불행은 여기에서 멈추지 않았다.

오랜 고생의 결실로 차린 음식점이었건만 적자가 쌓여갔다. 게다가 오래 헤어져 지낸 딸은 어느새 사춘기의 나이에 접어들어 애를 먹였다. 그리고 몸이 점점 나빠져 하루하루 생활을 하기에도 힘이 들었다.

견디다 못해 병원에 가서 검사를 해보니 난소암이라는 진단이 나왔다. 난소암은 수술과 항암치료를 하면 완치율이 높지만, 항암치료가 다른 암보다 훨씬 힘들어 치료를 포기해 사망하는 경우가 많은 질병이었다.

의사는 그에게 수술과 항암치료 하는 데 적어도 1년 이상은 걸린다고 하면서 그동안은 일을 하지 말라고 했다. 그러나 이제 식당을 막 열어놓은 상태에서 적자만 보다가 접을 수는 없었다. 그녀는 육수와 소스 개발을 마치면 성공할 수 있다는 자신감이 있었다.

항암치료를 받으면서 심한 구토와 어지럼증, 온몸의 통증이 몰려왔지만 식당 일을 병행해갔다. 그녀는 자신의 몸에 암세포가 자리하고 있지만 자신의 의지로 이겨내리라 마음먹었다. 그래서 그녀는 자신의 의지를 시험해보고 싶었다. 극한으로 몰아가서 결국 극복해내는 자신을 보고 싶었다.

그때 우연히 철인 3종 경기 이야기를 듣게 되었는데, 그녀의 가슴이 뛰었다.

'그래, 그거야. 아무나 할 수 없다는 그걸 내가 해보는 거야. 내가 아직은 살아 있다는 걸 나에게 보여주자.'

'트라이애슬론'이라고도 불리는 철인 3종 경기는 수영, 사이클, 달리기를 연이어 하는 극도의 체력과 정신력을 요구하는 스포츠다. 그걸 난소암 투병 중인 47세의 여자가 한다는 것은 무리한 도전임에 틀림없었다.

그 대회에 참여했다고 아무나 철인 칭호를 받는 것은 아니었다. 수영 3.8km, 사이클 180.2km, 마라톤 42.195km를 달리는 '킹 코스'를 17시간 내에 완주해야 하는 것이다.

물론 윤해정 씨는 킹 코스를 전부 참가하지는 못했다. 그러나 머지 않아 그런 날도 오리라고 생각했다. 그렇다면 왜 그녀는 굳이 이 험난한 트라이애슬론에 참가하고 싶었던 걸까. 그녀는 이렇게 말했다.

"트라이애슬론은 어려운 인생을 극복하는 과정과 너무 똑같아 매력을 느낀다."

그렇다. 어렵지 않다면 이미 도전의 의미가 없는 것이다. 그 과정이 어렵고 고통스러웠기에 우리는 그것을 극복해냈을 때 비로소 성취감을 만끽할 수 있으리라.

이런 정신력을 지닌 윤해정 씨였기에 그녀는 마침내 의사로부터 몸속의 암세포가 깨끗이 사라졌다는 진단을 받을 수 있었다. 그리고 그동안 꾸준히 소스와 메뉴 개발에 공을 들인 덕분에 음식점도 성공을 거두었다.

지금 그녀의 음식점은 웬만한 중소기업을 능가하는 연매출 50억 원 이상의 수익을 올리고 있다. 그 과정에서 자신의 투병 과정을 지켜보던 딸도 방황을 끝내고 그녀의 든든한 버팀목이 되어주었다.

"난소암에 걸렸을 때 침대에 그냥 누워만 있었더라면 투병생활이 더 힘들었을 거예요. 일을 하면서 치료한 것이 오히려 도움이 되지 않았나 싶어요."

젊은 나이에 모든 것을 잃었던 그녀였다. 남편으로부터 버림받고 어린 딸과 함께 천 원씩을 빌려 생활하던 시절도 있었다. 그러나 그녀는 그녀 자신을 뛰어넘었다.

만약에 그녀가 살면서 난관에 봉착했을 때마다 주저앉아 한탄만 하였더라면 그녀의 인생은 여기까지 오지 못했을 것이다. 우리는 살면서 "왜 하필 나에게."라는 말을 얼마나 하면서 사는가.

그러나 윤해정 씨는 매번 자신의 의지를 시험해가며 적극적으로 극복해나갔다. 자신이 자기를 믿어주지 않는 한 신도 그 사람 편이 되어주지 않는다는 걸 우리는 알아야 한다.

CHAPTER 14

편견과 한계를
뛰어넘은 월드컵 4강의 영웅

_ 황선홍 _

A매치 경력 : 103경기, 50골(역대 2위)

1994년 아시안게임 득점왕

1995년 프로축구 8경기 연속골

1999년 J리그 득점왕(24골)

월드컵 출전 : 90 이탈리아 월드컵, 94 미국 월드컵, 98 프랑스 월
　　　　　　드컵, 2002 한일 월드컵

2002 한일 월드컵 : 5경기, 243분 출장, 1골

　여느 축구선수에게선 볼 수 없는 이 화려한 전적은 황선홍의 것이
다. 그는 우리나라 축구 역사 이래 아마도 가장 많이 이름이 언급되
고 영웅 대접을 받는 몇 안 되는 축구선수 중 하나일 것이다.

태극 마크를 처음 단 지난 1988년부터 14년간 대표팀의 간판 스트라이커로 활약해온 황선홍이지만, 그의 축구 인생에서 전력 이면에 진한 아쉬움이 남아 있다. 월드컵 4강 신화의 주역들 중에서 그의 이력은 그야말로 파란만장한 역사를 담고 있기 때문이다.

1968년 충남 예산에서 태어난 황선홍은 한국을 대표하는 스트라이커로 건국대에 재학 중이던 지난 1988년 국가대표 생활을 시작했다. 이후 1990년 이탈리아 월드컵과 1994년 미국 월드컵에 잇따라 출전하였으나 1994 미국 월드컵에서는 수차례 득점 기회를 무산시키며 '한국, 골 결정력 부족'이라는 비난을 혼자 다 뒤집어쓰기도 했다.

그 후 1998년 프랑스 월드컵 직전에 치른 중국과의 평가전에서 무릎에 부상을 입는 바람에 엔트리에 들고도 경기에 출전하지 못하는 비운을 겪기도 하였다.

당시 그의 나이 30세였다. 사람들은 그에게 축구선수로서는 이제 나이가 많아서 더 이상 기대할 게 없다고 하기도 했다. 그때 그는 1998년 7월 당시 소속팀이던 포항에서 일본 프로축구 J리그의 세레소 오사카로 이적하면서 선수생활의 새로운 전환점을 맞이하였다.

월드컵 출전 좌절과 함께 차선책으로 선택한 일본행이었다. 일본으로 건너간 황선홍은 특유의 타고난 골 감각과 경기 흐름에 대한 뛰어난 분석력으로 새로운 전성기를 맞을 수 있었다.

더 이상의 전성기는 오지 않을 거라고 생각하고 있던 사람들의 편견은 그야말로 편견일 뿐이었다. 그는 서른이 넘은 나이에도 체력적인 한계를 뛰어넘어 여전히 자신이 건재함을 보여주었다. 그것은 순전히 그 자신이 피땀 흘리며 일구어낸 노력의 결실이었다.

그리하여 마침내 1999년 J리그 득점왕에 올랐던 황선홍은 일본에서의 꾸준한 활약으로 34세의 많은 나이에도 불구하고 설기현, 안정환, 최용수 등 쟁쟁한 후배선수들과 함께 월드컵 주전 자리를 확보할 수 있었다.

제자리로 돌아온 황선홍은 히딩크 감독의 지도 아래 2001년 컨페더레이션스컵에서 온 국민이 잊지 못할 활약을 펼쳤다. 이날의 경기는 대한민국 축구 명승부에 길이 남을 최고의 경기로 손색이 없었다.

그때 한국 축구는 개막전에서 프랑스에 0 대 5로 참패하며 위기에 몰려 있던 상황이었다. 히딩크 감독이 부임한 지 6개월 정도밖에 되지 않은 데다가 프랑스 전에서 이미 참패를 당한 직후였기에 선수들이나 국민들의 사기는 바닥에 떨어져 있었다.

그때 최전방 투톱으로 황선홍과 김도훈이 호흡을 맞추고 있었다. 멕시코 전에서 스트라이커 황선홍은 미드필드까지 내려와서 볼을 키핑, 동료들에게 볼 배급을 해주며 한국의 공격을 원활하게 이끌었다. 그는 미드필드에서 볼을 잡아 좌우로 내주고, 자신은 다시 전방으로 향하는 순발력을 보이면서 자신의 기량을 펼쳐 보였다. 그리고 마침내 그날 경기에서 멕시코를 2 대 1로 이기고 말았다.

그것은 황선홍의 승리이자 온 국민의 승리이기도 하였다. 사람들은 그날의 승리에는 황선홍의 견인차 역할이 지대했음을 전적으로 인정했다.

그 후 2002년에 있었던 핀란드전에서는 2골을 성공시키면서 그의 면모를 아낌없이 보여주었다. 히딩크 감독의 탁월한 지도와 함께 황선홍은 위치 선정, 헤딩, 문전에서의 파괴력, 찬스 메이킹 능력 등 스트라이커로서의 모든 조건을 갖춘 선수로 인정받았다.

한때 잦은 부상과 많은 나이 때문에 편견과 한계에 부닥쳤던 그였다. 그러나 그것을 뛰어넘은 활약과 2002년 한일 월드컵에서 보여준 그의 노장 투혼은 모두에게 귀감이 되었다.

사람들이 그에게 무대에서 내려올 때가 되었다고 했을 때, 그걸 인정하고 자신의 가능성을 포기했더라면 황선홍의 인생사뿐 아니라 대한민국의 축구 역사도 다르게 쓰였을지 모른다. 그러나 황선홍은 편견과 한계를 인정하지 않았기에 대한민국 4강 신화의 주역이 될 수 있었다.

그렇다면 황선홍을 좌절하지 않고 다시 일어서게 한 비결은 무엇일까. 그는 어느 인터뷰에서 그 힘에 대하여 이렇게 말했다.

"(이런저런 부상과 사람들의 비난을 받기도 했을 때)…… 개인적으로 억울하다는 생각이 많이 들었습니다. 나의 능력을 100% 다 보여주었으면 좋겠는데, 그렇지 못했거든요. 특히 월드컵이 더욱 그랬죠. 제 자신이 만족할 만큼 인정받지 못했다고 생각했기 때문에 쓰러질 수가 없었던 거죠. 주변에서 불운하다고 그러는데 나 자신도 그렇게 생각해요. '나는 왜 이렇게 운이 없을까?' 스스로에게 물어보곤 합니다. 부상이 많았던 만큼 자책도 큰 셈이죠. 그렇지만 나는 패배적인 생각을 한 적이 없어요. 이번 월드컵도 나 자신에게 100% 만족하지 못합니다. 그러나 나는 혼신의 힘을 다했고, 내 능력을 보여주려고 노력했어요."

그는 지금은 선수 생활을 마감하고 지도자 생활을 하고 있다. 패배와 좌절을 인정하지 않았던 도전정신의 그가 지도자로 있는 한 앞으로의 한국 축구의 미래도 여전히 밝고 희망적이리라.

CHAPTER 15

청각장애를 극복한 발레리나

강진희

"오늘 최고였다. 3등 상은 탈 수 있을 거야."

선생님의 말에 15살 진희는 가슴이 설레었다. 자신이 생각해도 오늘 한 발레는 만족할 만했다. 게다가 선생님까지 인정해주시니 더욱 기분이 좋았다.

고등학교 진학을 앞두고 보통 중학교 3학년생들에게 1, 2등이 가는 관례대로라면 2학년인 진희로선 3등만 해도 대단한 것이었다.

진희는 3등을 호명할 순서가 되자 바싹 긴장했다. 무대에 어떤 모습으로 올라가 어떤 표정을 보여야 할까 하는 생각이 빠르게 스쳐갔다.

그리고 마침내 3등이 호명되었다.

"!!!……"

순간 선생님과 진희의 표정이 굳어졌다. 다른 이름이 불렸던 것이다. 진희는 멍하니 앞만 보고 있었다. 그러자 선생님은 더 들어볼 것도 없다는 듯이 가방을 챙기셨다. 진희도 발레복 위에 겉옷을 챙겨 입었다. 자기도 모르게 눈물이 고였다.

"심사위원들 엉터리다. 엉터리야."

진희를 데리고 의자에서 일어서면서 선생님이 투덜거렸다. 진희는 아무 말도 할 수 없었다. 그런데 그 순간이었다.

갑자기 선생님이 뒤를 돌아보면서 진희를 껴안았다. 선생님의 벅찬 숨소리가 진희에게도 들리는 듯했다. 영문을 몰라 멍하니 있는 진희에게 선생님이 상기된 목소리로 말했다.

"진희야, 네가 1등이래. 3학년 언니들을 제치고 네가 1등이래."

물론 그 말이 진희에게는 들릴 리 없었다. 그러나 선생님의 표정만으로도 그 감격스러운 분위기는 충분히 알아차릴 수 있었다.

진희의 눈에서 하염없이 눈물이 흘러내렸다. 듣지 못하는 자신이 처음 발레를 한다고 했을 때 이런 날이 오리라는 건 기대할 수도 없었다. 단지 그냥 발레가 너무나 하고 싶었다. 그래서 들을 수 없는 상황에서도 좌절하지 않고 발레에 열중할 수 있었다.

15살의 어린 진희에게 그날의 1등상은 오늘날 그녀를 청각장애인이 아닌 발레리나로 태어날 수 있게 해주었다.

강진희 씨는 태어나면서부터 들을 수 없었다. 그럼에도 그녀의 부모는 딸의 장애에 절망하지 않았다. 그런 그녀를 등에 업고 농아학교에 데리고 다니며 구화(상대방의 말하는 입술모양을 보고 알아듣고, 자기도 그렇게 소리 내어 말하는 일)를 가르쳐주었다. 그런 부모님의 노력 덕분에 강진희 씨는 구화를 통해 정상인들과 대화하고 호흡하는 데 어려움이 없었다.

그녀의 부모는 거기에 만족하지 않았다. 들을 수 없는 대신 분명 다른 재능이 있을 거라는 믿음을 저버리지 않았다. 그녀의 어머니는 청각과 상관없이 자기 세계를 만들어갈 수 있는 미술 공부를 딸에게 10년 이상 시키기도 했다. 그러나 강진희 씨는 미술에 그다지 흥미와 열의를 갖지 못했다.

그러던 중 어머니는 TV를 지켜보던 중학생 딸이 제법 그럴 듯하게 발레 동작을 하는 걸 보게 되었다.

'아, 저거였어!'

그 순간 그녀의 어머니는 희망의 빛을 발견한 듯했다. 딸에게서 새로운 가능성을 찾았던 것이다. 그녀는 무용 선생님을 찾아가 자기 생각을 말했다. 그러나 진희가 청각장애라는 걸 안 무용 선생님의 반응은 부정적이었다.

"듣지 못하는 애가 해도 되는 게 무용인 줄 아세요?"

선생님의 태도는 실망스러웠지만 그래도 어머니는 물러서지 않았다. 간곡하게 졸라서 3개월의 테스트 기간을 얻어내고야 말았다. 그 날부터 진희의 뼈를 깎는 듯한 노력이 시작되었다. 소리를 들을 수 없었기에 속으로 박자를 세어가며 다른 학생들과 동작을 맞추기 위해 안간힘을 쓰면서 연습을 게을리 하지 않았다. 몸은 힘들었지만 진희는 비로소 자신이 열중할 수 있는 무엇인가가 생겼다는 사실이 기쓰기만 했다.

약속한 3개월이 되기도 전에 선생님은 그녀의 노력과 재능을 인정하고 말았다.

"진희야, 너는 훌륭한 발레리나가 될 수 있을 거야."

열 개의 발톱이 다 빠지고 양다리의 색깔이 검붉게 변해갔지만, 그녀는 행복했고 그것을 지켜보는 어머니 또한 자신의 선택이 맞았음에 함께 기뻤다.

진희는 비록 듣지는 못하지만 청각장애의 벽을 피나는 훈련과 연습으로 극복하고자 하였다. 그리하여 그녀는 1990년 전국 학생 무용 콩쿠르 1등, 1992년 전국 대학 콩쿠르 금상, 1993년 일본 북큐슈 국제 양무 콩쿠르 준우승 등을 차지할 수 있었다.

그 후 한양대 무용과 재학 시절에는 청각장애란 악조건에도 불구하고 큰 무대에 주역으로 서는 기회들도 얻었다.

지금 그녀는 조승미 발레단의 수석 무용수로 있다. 그것은 세계 발레인들 사이에서도 유례를 찾아볼 수 없는 매우 특이한 케이스였다. 듣지 못하면서 발레를 한다는 것, 발레가 주변과의 조화와 박자에 얼마나 민감해야 하는지를 안다면 누구라도 이해하지 못할 일이었다.

그러나 그녀는 불가능을 뛰어넘었다. 다른 사람들이 음악을 듣고 감정을 춤으로 표현한다면 그녀는 마음으로 음악을 들어야 한다. 음악 없이 감정에 몰입되어 춤을 추는 일이 결코 쉽지 않지만, 그녀는 영혼의 귀로 음악을 느끼면서 춤을 추는 것이다. 그리고 언제부터인가는 굳이 박자를 세지 않게 되었다.

"음악은 들리지 않지만, 느낌으로 춤을 추죠."

혹독한 연습과 훈련의 결과로 그녀는 어느 날부터 공기의 울림을 느낄 수 있게 된 것이다. 소리를 귀가 듣는 것이 아니라 몸이 듣는 수준으로까지 자신의 장애를 초월하고 만 것이다.

그녀가 장애를 극복한 스토리는 많은 사람들에게 감동과 교훈을 주었다. 그런 과정이 알려지면서 1998년에는 '올해의 장애극복상'을 받기도 하였다.

그녀는 다른 장애우들과 교도소의 재소자들처럼 소외받는 사람들을 위해서도 무료로 공연을 한다. 자신도 소외와 편견을 경험해보았기에 그들에게 사랑과 관심을 쏟는 일이 얼마나 중요한지 알기 때문이다.

그녀의 꿈은 이루어졌다. 그러나 그녀의 목표는 청각장애를 극복한 발레리나가 되는 데서 그치지 않는다. 그녀의 목표는 여기에서 나아가 아메리칸 발레 시어터(ABT)의 프리마 발레리나였던 나타샤 마카로바와 같은 최고의 발레리나가 되는 것이다. 그녀는 말한다.

"의지와 노력만 있다면 신체장애가 인생의 장애는 될 수 없다."

이런 불굴의 의지가 있는 한 그녀가 세계 최고의 발레리나가 되는 날도 멀지 않았다고 믿는다.

CHAPTER 16

대학 졸업장에 연연하지 않고 최고 CEO가 되다

스티브 잡스

"누군가 컴퓨터의 미래를 묻거든, 눈을 들어 스티브 잡스를 보게 하라."

이 말은 얼마 전에 한 잡지에 실린 기사 제목이었다. 도대체 스티브 잡스가 어떤 사람이기에 이런 타이틀까지 만들어졌을까.

사실 스티브 잡스의 유년시절은 그다지 축복받은 게 아니었다. 그는 1955년 태어나자마자 부모에게서 버려져 폴 잡스와 클라라 잡스 부부에게 입양되었다. 그러나 그는 자신의 그런 성장 배경에 상처받기보다는 자신이 원하는 게 무엇인지를 더 중요하게 생각한, 성숙한 사춘기를 보냈다.

샌프란시스코에서 자란 그는 고등학교를 졸업한 뒤 평소에 관심이 많았던 전자 분야를 배우기 위해 휴렛팩커드에 인턴으로 들어갔다.

그곳에서 그는 컴퓨터 마니아인 워즈니악을 만나 컴퓨터에 눈을 뜨게 되었다.

그 뒤 잡스는 오리건 주의 포틀랜드에 있는 리드 칼리지에 입학하였는데, 전공인 물리학에 흥미를 느끼지 못하고 1학기 만에 중퇴를 하였다. 그러다가 얼마 후 워즈니악을 다시 만나게 되어 '손수 만든 컴퓨터 클럽'에 가입하여 그들과 컴퓨터 조립을 하게 되었다. 그때 만든 것이 1976년의 '애플 1'이었다.

'애플 1'은 투박한 디자인에도 불구하고 성공적으로 팔려나갔다. 그걸 시작으로 본격적인 컴퓨터 사업에 뛰어들었다. 그 무렵 IBM과 대항하기 위해 1984년에 매킨토시를 내놓았다. 그러나 매킨토시의 성공에도 불구하고 1985년에 애플의 대주주들은 잡스의 권한이 강해지는 걸 경계하여 경영 일선에서 쫓아내고 말았다.

그는 그때 몇 명의 애플 직원들과 넥스트스텝이라는 새로운 회사를 만들었다. 그리고 1986년엔 루카스 필름의 3D애니메이션 파트를 맡았던 픽사(pixar)를 인수하였다. 그런데 그 즈음 출시된 넥스트스텝은 실패하고 말았다.

그는 넥스트사의 실패로 인해 어쩔 수 없이 다른 분야로 눈을 돌려야 했다. 마침 픽사에서 만든 '틴토이'가 아카데미 단편 애니메이션 상을 수상하면서 애니메이션의 무한한 잠재력을 발견하고 전환을 모색하게 되었다. 애플의 성공 신화를 창조하고 넥스트사를 만들고, 다시 픽사를 인수했던 그때 잡스는 겨우 30살이었다.

픽사 인수는 잡스에게 엄청난 대가를 지불하게 했다. 끊임없이 돈이 들어 인수 자체를 후회해야 할 정도였다. 그러다가 픽사는 1991년 디즈니와 3편의 영화 제작 계약을 체결하면서 활기를 찾았다.

이렇게 해서 탄생한 작품이 1995년에 나온 〈토이 스토리〉였다. 이 애니메이션은 전 세계적으로 3억 5,000만 달러를 벌어들인 동시에 3D 애니메이션의 진수를 보여주었다.

덕분에 스티브 잡스는 억만장자가 되면서 애플에서 잃었던 명예를 되찾을 수 있었다. 그리고 마침내 1996년에 컨설턴트 자격으로 애플에 다시 복귀하게 되었고, 이어서 CEO 자리도 차지하게 되었다.

자신을 내쫓았던 회사에 다시 초빙되었던 것이다. 애플은 그만큼 잡스의 경영 수완을 높이 평가하고 자신들의 실책을 겸허히 인정한 것이다. 잡스의 인간 승리가 아닐 수 없었다.

스티브 잡스는 애플사의 최고경영자로 복귀한 지 1년 만에 쓰러져 가던 애플사를 흑자로 돌려놓았다. 그리고 '아이맥'을 비롯해 '아이 팟', '맥미니' 같은 히트 상품들을 연이어 내놓음으로써 애플에서 자신이 얼마나 필요한 사람인지를 증명해 보였다.

픽사 또한 〈벅스 라이프〉, 〈몬스터 주식회사〉, 〈토이 스토리 2〉, 〈니모를 찾아서〉, 〈인크래더블〉 등을 히트시키며 성공가도를 달렸다. 애플과 픽사의 CEO를 겸하면서 두 회사를 모두 승승장구하게 한 잡스의 역량은 실리콘밸리와 할리우드 양쪽 모두의 감탄을 자아내게 하였다.

그는 성공으로 가는 경영철학에 대하여 다음과 같이 말하고 있다.

1. 경영은 기존 질서와 '철저히 다르게' 하라.

2. 잘할 수 있는 분야를 선정해 직접 몸으로 뛰어라.

3. 항상 새로운 것에 주의를 기울이고 포기하지 마라.

4. 기술력을 과신하기보다 소비자 눈높이에 맞춰라.

무엇보다 그의 성공은 형식적이고 구태의연한 삶을 거부했다는 데 있을 것이다. 그가 대학 졸업장에 연연하지 않고 과감히 뛰쳐나올 수 있었던 것은 자신에게 정말 무엇이 필요한가를 철저하게 고민하고 깨달은 결과였다.

그는 자신의 선택에 대하여 후회하지 않았다. 대학교 강의실에 앉아 있는 것보다 더 많은 것을 학교 밖에서 배울 수 있었기 때문이다. 그는 스탠포드 대학의 졸업식에 초대되어 갔을 때 이런 연설을 했다.

저는 대학을 졸업하지 못했습니다……. 저는 17살이 되었을 때 순진하게 스탠포드만큼이나 비싼 대학을 선택했고, 노동계층인 부모님의 모든 돈이 내 대학 등록금으로 소진되었습니다. 6개월 후 저는 대학에서 가치를 발견하지 못했습니다. 저는 제가 뭘 하고 싶은지, 어떻게 대학이 문제를 해결하도록 도울 수 있을지 몰랐습니다……. 결국 저는 자퇴를 결심했고, 모두 잘될 것이라고 믿었습니다. 학교를 그만둔 그 순간 저는 관심 없었던 필수 과정들을 이수하지 않을 수 있었고, 관심 있어 보이는 과정들을 청강하기 시작했습니다. 그리고 저의 호기심과 직관을 따름으로써 저를 당황하게 만든 많은 것들이

후에는 가치 없는 것임을 깨닫게 되었습니다……. 저는 운이 좋았습니다. 저는 제가 즐겨 할 수 있는 일을 빨리 발견했습니다.

우즈(Woz)와 저는 20세에 아버지의 차고에서 애플을 시작했습니다. 우리는 열심히 일했고, 10년 만에 애플은 차고의 2명에서 4,000명의 직원을 가진 20억 달러의 회사로 성장했습니다. 우리는 우리가 만든 최상의 창조물인 매킨토시를 1년 더 빨리 출시할 수 있었습니다. 그리고 저는 서른이 되었습니다. 그러고 나서 저는 해고를 당했습니다……. 저는 수개월 동안 무엇을 어떻게 해야 할지 알지 못했습니다. 저는 다시 시작하기로 결정했습니다. 저는 넥스트라는 회사와 픽사라는 또 다른 회사를 시작했습니다. 픽사는 세계 최초 'Computer animated feature' 영화인 〈토이 스토리〉를 창조해냈고, 현재는 세계에서 가장 성공적인 애니메이션 스튜디오가 되었습니다. 주목할 만한 일련의 변화로 애플은 넥스트사를 샀고, 저는 애플로 돌아오게 되었습니다…….

만약 제가 애플에서 해고되지 않았더라면 이런 어떤 일도 발생하지 않았을 거라고 확신합니다. 지독하게 쓴 약이었지만 저는 환자에게 그런 약이 필요한 것임을 압니다. 때때로 삶이 당신의 머리를 벽돌로 치게 됩니다. 믿음을 잃지 마십시오. 저는 저를 계속 유지하게 하는 유일한 것이 제가 한 것을 사랑하는 것임을 확신합니다. 당신이 사랑하는 것을 찾으십시오. 사랑하는 사람에게 하는 것처럼 일에도 진실하십시오. 여러분의 일이 삶의 많은 부분을 채울 것입니다. 진정으로 만족할 수 있는 유일한 길은 우리가 믿는 일을 하는 것이 위대한 일이라는 것입니다. 그리고 그러한 위대한 일을 하는 것이 여러분이 하는 일을 사랑하는 것입니다.

스티브 잡스의 이 연설처럼 우리는 살면서 의지와 상관없이 '쓴 약'을 먹거나 '삶이 우리의 머리를 내리치는' 불상사를 겪게 된다. 그러나 중요한 것은 우리가 우리 자신을 사랑하고, 우리가 진정으로 사랑하며 하고 싶은 일에 우리의 열정을 바친다면 우리 모두 스티브 잡스가 될 수 있다는 것이다.

작은 키의 핸디캡을
피나는 훈련으로 극복한 골퍼

_ 김미현 _

"내 키가 10cm만 컸다면 아마 지금쯤 10승 이상을 거뒀을 것이다."

이 말은 어느 여자 골퍼가 한 말이다. 그런데 그녀의 신장은 172cm이다. 그만큼 골프를 하는 데 있어 신장은 매우 중요하다고 할 수 있다.

골프 세계에서 '슈퍼 땅콩' 혹은 '작은 거인'이라 불리는 김미현의 키는 그보다 훨씬 작은 155cm이다. 최근 몇 년 사이에 LPGA 투어에 새로 가세한 선수들을 보면 대부분 170cm를 훌쩍 넘는다.

그 속에서 단신의 키로 경쟁한다는 것은 상당한 열세가 아닐 수 없다. 그러나 이런 건장한 선수들을 제치고 김미현은 우승컵을 품에 안았다. 작은 키로 최고의 실력을 보여주는 김미현이 미국 사람들의 눈에는 신기하게 보일 만하다.

그들은 김미현에게 어떤 숨겨진 비결이 있기에 도저히 불가능할 것 같은 단신의 몸으로 우승을 하게 되었을까 하면서 의문을 갖는다고 한다.

그만큼 프로골퍼의 세계에서 신장의 조건은 매우 중요하다. 골프에서 단신 선수의 가장 큰 핸디캡은 볼이 러프에 빠졌을 때라고 한다. 키가 큰 선수들은 큰 키를 이용해 러프를 뚫고 볼만 쳐낼 수 있지만 작은 선수는 볼을 내리찍는 각도가 완만할 수밖에 없다.

그런 불리한 조건에서도 김미현은 LPGA 투어의 정상급 선수로 자리를 잡은 것이다. 키가 작은 골퍼는 비거리(飛距離)에서도 그만큼 불리하다.

비거리를 증대할 수 있는 가장 좋은 방법은 스윙 스피드를 높이는 것이다. 하지만 스윙 스피드를 증가시키는 데에도 한계가 있다. 비거리를 좋게 하는 그 다음 방법은 스윙 아크를 크게 만들어 원심력을 끌어올리는 것이다.

평균 270야드에 이르는 장타를 날리는 미셸 위의 배경에는 183cm라는 큰 키가 있다. 김미현처럼 키가 작은 선수는 당연히 스윙 아크가 작을 수밖에 없다. 그러니 거기에서도 비거리가 나빠질 수밖에 없다.

그러다 보니 김미현의 평균 드라이브 샷 비거리는 240야드 안팎을 기록한다. LPGA 선수 가운데 최하위권이다. 그런 핸디캡을 조금이라도 만회해보려고 스윙 때마다 몸을 무리해서 비틀다 보니 한때는 허리 통증에 시달리기도 했다.

결국 김미현은 자신의 신체적인 약점을 보완할 안정적이고 확실한 방법을 모색해야 할 필요가 있었다. 그것은 결국 피나는 훈련과 연습이었다.

'단신 선수는 근력을 향상시켜야 비거리를 늘릴 수 있다.'

이런 결심 하에 김미현은 자신의 신체 조건에 맞는 특별한 훈련 방법을 고안해냈다. 골프를 하지 않을 때면 항상 손에서 500g짜리 아령을 가지고 팔뚝의 힘을 길렀다. 그리고 하루도 거르지 않고 골프장을 한 시간씩 뛰며 하체 근력을 증대시켰다.

그리고 달라진 스윙도 비거리 향상에 크게 도움이 되었다. 우선 드라이브샷의 어드레스에서 티의 위치를 예전보다 볼 한 개 정도 왼쪽으로 옮겼다. 그동안 낮은 탄도 때문에 비거리에서 손해를 봤던 김미현은 볼의 위치를 옮기면서 탄도가 다소 높아졌다.

이런 치밀하고 계획적인 훈련과 연습 덕분에 김미현은 보다 안정적인 스윙을 할 수 있게 되었다.

무엇보다도 차별화되는 김미현의 주무기는 페어웨이 우드이다. 일찍이 자신의 불리한 신체 조건을 염두에 두고 학생 때부터 페어웨이 우드를 꾸준히 연습해둔 덕분이었다.

단신의 그녀가 최고의 실력을 보이는 걸 많은 미국인들이 미스터리하게 여기는 것은 그녀의 이러한 노력과 피나는 연습을 모르기 때문이다.

한번은 김미현의 소속사인 KTF의 정선재 과장이 그녀에게 우드를 잘 치는 비결을 물은 적이 있다고 한다. 그때 김미현은 마치 중요한 비결이라도 알려줄 듯 귓속말로 "아저씨에게만 가르쳐 드릴게요."라고 하고선 이렇게 말했다고 한다.

"오늘부터 연습장에 가서 죽어라고 연습하세요."

김미현을 안다면 이 말을 듣고 단순히 웃어넘길 수만은 없을 것이다. 그녀의 오늘이 있기까지는 눈물과 고통의 시간을 견뎌가며 연습을 해온 수많은 날들이 있었던 것이다.

아무리 타고난 재능이 있다 하더라도 노력하는 사람을 이길 수는 없다. 어떤 재능도 갈고 닦지 않으면 곧 무뎌지지만 꾸준히 노력하는 사람은 언젠가는 그것이 재능이 되고 실력이 되기 때문이다.

CHAPTER 18

휠체어를 타고
한계에 도전하는 개그맨

_ 박대운 _

　어려서 두 다리를 잃은 한 남자가 있었다. 그는 그때부터 휠체어 탄 인생을 살아야 했다. 휠체어를 탄 그가 자유롭게 다닐 수 있는 곳은 어디에도 없는 것처럼 보였다.

　사람들은 그런 그에게 돌아다니지 않는 게 가장 좋은 거라고 조언했다. 그러나 그는 세상에의 도전을 포기하지 않았다.

1992년 제1회 전국 휠체어 마라톤 7위

1995년 지리산 노고단 휠체어 등정

1998년 방콕 아시안 게임 성화 봉송 주자

1998년 7월~1998년 9월 유럽 5개국 2002km 휠체어, 자전거 횡단

1999년 7월~1999년 9월 한일 국토 종단 4000km 휠체어 대장정

박대운. 그는 이것들을 휠체어를 탄 몸으로 모두 해내고 말았다. 그리고 지금도 그는 많은 도전 속에 자신을 달구고 있다. 그는 우리나라 최초의 장애인 개그맨이기도 하다.

그의 도전과 자기극복의 시간 속에서도 특히 박수를 보내고 싶은 대목은 휠체어를 타고 '유럽 2002km 대장정'을 해냈다는 것이다. 그는 27살이던 1998년에 정상인들도 쉽지 않은 모험을 시도했다.

아무도 그가 끝까지 해내리라고 기대하지 않았다. 그가 중도에서 포기하고 돌아온다 하더라도 비웃을 사람은 없었다. 그런 시도를 한다는 자체가 무리였기 때문이다. 그러나 그는 자신을 믿었다.

그는 자신이 휠체어를 탄 장애인이기 때문에 할 수 있는 것과 할 수 없는 것이 따로 있다고 생각하지 않는다. 오히려 그는 이렇게 말한다.

"누구나 할 수 있는 일은 하지 않는다."

따라서 그의 유럽 횡단은 그에게 고난을 주면 줄수록 견딜 만한 의미가 되었다. 하루에 5천 리가 넘는 길을 달리느라 손목 인대가 늘어나서 매일 밤 견딜 수 없는 통증에 시달려야만 했다. 한국을 떠나기 1주일 전에 기증받은 '마라톤용 휠체어'는 여전히 손에 익지 않아서 더 많은 힘이 들어갔고, 집을 떠난 지 며칠도 되지 않아서 손목과 팔목의 구별이 없어졌다.

난관은 한두 가지가 아니었다. 낮에는 34℃가 넘었고 밤에는 체감온도가 0℃까지 떨어졌다. 때론 길을 잘못 들어 자갈길이나 모래밭에 들어가 고생을 하기도 했다.

그러나 한 번도 집을 나선 일에 대해 후회하지 않았다. 심지어 총 연장 300여 km, 해발 1,462m에 달하는 피레네 산맥을 넘으면서도 자신의 고통을 즐겼다.

　떠나오지 않았다면 결코 가질 수 없는 고통의 시간들이었고, 고통을 이겨낸 후에야만 진정한 성취감을 가질 수 있기에 그는 기꺼이 그 시간을 즐겼다. 그렇게 하여 마침내 최종 목적지인 스페인 마드리드 시에 도착함으로써 2,264km의 대장정을 마감할 수 있었다.

　그것으로 그의 도전이 막을 내린 게 아니었다. 단지 그것은 그의 도전 인생의 시작일 뿐이었다.

　그가 처음부터 두 다리의 장애를 안고 태어난 건 아니다. 5살 때 형 친구와 장난하다가 좁은 골목길에서 달려오던 삼륜차에 치이고 말았다. 그를 친 차는 잠깐 머뭇거리는가 싶더니 차를 후진시켜 다시 그를 짓밟고 달아나 버렸다.

　결국 그는 병원에서 여덟 살이 될 때까지 여섯 차례나 수술을 받다가 두 다리를 모두 잃었다.

　그런 불행 속에서도 밝게 성장하고 진취적으로 행동할 수 있었던 것은 그의 어머니 덕분이었다. 어머니는 그에게 장애를 장애로 인식시켜 주지 않았다. 잘못한 게 있으면 그도 여지없이 어머니에게 매를 맞고 꾸중을 들으며 자라야 했다.

　그리고 그의 어머니는 특수학교를 보내라고 권하는 사람들에게 "내 자식은 일반인들과 똑같은 교육을 받아야 한다."라고 하면서 당당히 일반 학교에 입학 원서를 냈다. 그러나 아들이 저능아라는 이유로 입학을 거부당하자 그의 어머니는 구청과 시청을 오가며 문제를 제기하기도 했다. 나아가 '내 아들이 바보가 아니라는 걸 3개월 안에 증명해 보이고, 그래도 아니면 그때 자퇴를 시킨다.'는 조건 하에 입학을 시키게 되었다. 당연히 그는 학교생활을 하는 데 전혀 문제가 없음을 보여주었다.

어머니의 교육관 덕분에 그는 어디서든지 그늘 없이 활달하게 행동할 수 있었다. 그러다 보니 주변에는 항상 사람들로 붐볐다. 그는 장애인들에게 있어 주변의 관심과 애정이 얼마나 중요한지에 대해 이렇게 말했다.

"육체적인 고통보다 더한 건 심적인 박탈감이에요. 그동안 살던 방식과 다르게 살아가야 하는데, 그것이 보편적인 방식이 아니라는 데서 오는 막연한 두려움과 불안감……. 선택의 기회에 놓이는 모든 순간에서 나의 장애를 피할 순 없는 거죠. 늘 끊임없는 갈등과 제약이 따르니까요."

그랬기에 그는 자신과 같은 처지의 사람들도 얼마든지 행복하고 즐겁게 살 수 있다는 걸 보여주고 싶었다. 장애를 가졌다는 이유로 가족들 뒤에 숨어서 지내야 하는 장애인들이 대부분이었기 때문이다.

그래서 그는 코미디 프로그램에서 '바퀴 달린 사나이'라는 코너를 직접 개발하여 사람들에게 웃음을 주기도 하였다. 누구도 그처럼 자신의 장애를 밝은 곳으로 끌어내어 웃음의 소재로 삼을 수 있다고 생각하지 않았었다. 그러기에 그의 개그는 보는 사람들에게 신선함과 함께 뭉클한 감동을 주었다.

그의 그러한 정신이야말로 모든 장애인들이 교훈으로 삼아야 할 자세인지 모른다. 그의 그런 의지를 높이 평가하여 2006년에는 한국장애인복지진흥회에서 주관하는 '장애극복상'을 수상하기도 하였다.

장애에 대한 편견, 그것이 어찌 비장애인들에게만 존재하는 것이겠는가. 장애인들 스스로도 자신의 장애를 장애로만 인식하는 편견으로부터 벗어나야 하지 않을까.

CHAPTER 19

시각장애를 극복한
하모니카 연주가

_ 전제덕 _

MBC는 폐지된 '음악캠프' 후속으로 '전제덕의 마음으로 보는 콘서트'를 오는 9월 10일 오후 4시 방영한다. 파일럿 프로그램 형식으로 진행되는 이번 프로그램은 반응이 좋을 경우 정규 편성에 포함될 예정이다.

2005년 9월에 이런 기사가 났을 때 사람들은 이 이례적인 MBC의 결정에 놀라면서도 박수를 보냈다. 철저히 상업주의 논리에 따라갈 수밖에 없는 방송사에서 시각장애를 가진 사람을 MC로 내세운다는 것은 그 자체가 화제일 수밖에 없었다.

전제덕 씨는 자기 음반을 내기도 한, 시각장애를 가진 국내 최초의 하모니카 전문 연주가이다. 그런 그를 간판으로 프로그램을 만들었다는 것은 여러 차원에서 의미가 있는 시도였다.

그만큼 전제덕이라는 이름이 가지는 전문성과 인지도가 인정받은 것이며, 인기인만을 내세운 방송 매체의 안일주의를 벗어나 독자들의 고급 취향을 위해 시청률에 대한 모험을 했다는 것이다.

전제덕 씨는 국내에서뿐만 아니라 세계적으로도 손꼽히는 재즈 하모니카 연주자로 조성모, 김범수, 조규찬, BMK, 김정민 등 여러 대중가수들의 리코딩 세션에도 참여한 바 있다.

무엇보다 그의 하모니카 연주 음반은 음악계에 신선한 돌풍을 일으켰다. 그전에 그는 1989년에 세계 사물놀이 대회 특별상, 1993년에 세계 사물놀이 대회 대상을 차지한 바 있으며, 그의 데뷔 앨범은 2005 한국대중음악상 '최우수 재즈&크로스오버' 부문을 수상했다. 그는 그런 자신의 인생 역정을 담은 내용으로 KT의 모델로도 나왔다.

그는 1974년 서울에서 태어나 불과 보름 만에 열병에 의해 시력을 잃었다. 7살이 되던 해 시각장애자들이 다니는 특수학교에 들어가 초중고 과정을 마쳤다.

그는 그곳에 입학한 직후 교내 학생들로 이루어진 브라스 밴드에서 북을 연주하면서 음악을 접하게 되었다. 그러다가 중1 때 학교 재정 문제로 밴드가 해체되자 사물놀이에서 장구를 배웠다.

그렇게 배운 실력으로 그는 고1이던 1989년에 친구들과 제1회 '세계 사물놀이 겨루기 한마당'에 참가하여 심사위원 특별상을 받았다. 이 대회는 서서 하는 '선 반'과 앉아서 하는 '앉은 반' 점수를 합산해 점수를 매기는 것이었지만, 전제덕 일행이 모두 시각장애인임에도 뛰어난 실력을 보여주자 심사위원들이 즉석에서 '특별상' 을 신설해 시상한 것이다.

그리고 그때 이후로는 '선 반' 과 '앉은 반' 을 합산하는 식이 아니라 분리하여 시상하게 되었다. 이들은 고등학교를 졸업한 다음 해인 1993년에 다시 출전하여 마침내 대상을 받았다. 그리고 전제덕은 MVP를 받았다. 이후 '다스름' 은 팀 이름을 '사물 천둥' 으로 바꾸고 김덕수 산하 사물놀이패로 활동하게 되었다.

전제덕이 하모니카를 불게 된 것은 1996년 라디오에서 우연히 투츠 틸레망의 연주를 들으면서였다. 투츠 틸레망은 벨기에 출신의 세계적인 재즈 하모니카 연주자였는데, 전제덕은 그의 연주에 전율과 감동을 느끼게 되었다. 그는 그날로 투츠의 음반을 섭렵하면서 재즈 하모니카를 독학으로 배워나갔다.

타고난 음감과 재능, 피나는 노력으로 그는 곧 훌륭한 하모니카 마스터가 될 수 있었다. 그리하여 많은 유명가수들이 자신들의 음반에 그가 함께 참여하기를 희망하였다.

그의 연주가로서의 특징은 무엇보다 서정적 감수성과 화려한 테크닉 그리고 뛰어난 즉흥 연주 실력을 갖추었다는 것이다. 이는 아마도 앞을 보지 못함으로써 감성과 감각이 발달했기 때문인지도 모른다.

그 결과 2003년 재즈보컬 말로의 3집 음반 '벚꽃 지다' 에 세션으로 참가했을 때는 '영혼까지 흔들 만큼 짜릿하고 영롱한 소리' 라는 극찬과 함께 '한국의 투츠 틸레망' 이란 찬사까지 들을 수 있었다.

투츠 틸레망에게 감흥을 받아 배우게 된 하모니카였는데, 불과 10

년도 안 되어서 그런 평가를 받았다는 것은 놀라운 인간 승리였다.

방송이나 언론에서 그에 대해 어떻게 말하고 있는지를 보면 그의 성공이 어떤 것인지를 알게 된다.

"세계적 하모니카 연주자로 발돋움할 시간표 준비"   – KBS TV 뉴스

"불모지인 재즈 하모니카 영역을 홀로 개척"   – 'KBS 저널'

"한국의 '스티비 원더'……. 국내 최고의 하모니카 연주자이자 이 시
대 진정한 뮤지션"   – MBC '생방송 화제집중'

"유려한 감수성과 독보적 테크닉……. 그의 연주에는 슬픔과 기쁨,
즐거움, 열정이 배어 있다."   – 경향신문

"전제덕의 음악은 하모니카의 표현 영역이 얼마나 넓고 다양한지를
보여주며, 하모니카가 여느 솔로 악기 못지않다는 것을 처음으로 입
증했다."   – 국민일보

그의 두 번째 독집 음반 'What is cool change'에서는 그의 기량을 마음껏 펼칠 수 있었다. 평균 러닝타임이 늘어나면서 멜로디도 훨씬 복잡해지고 솔로 부분도 늘어났다. 하모니카에는 생소한 전기적 효과음도 들어갔다. 와와, 페이저, 디스토션 등 전기기타에 어울렸던 이펙터 효과음이 하모니카를 통해 들려오는 것이다. 그 외에도 재즈 피아니스트 곽윤찬, 힙합가수 바비 킴, 아이에프, 보컬그룹 헤리티지 등의 참여로 더욱 개성 있는 소리를 들려주었다.

그는 그러한 시도들을 통하여 하모니카의 연주 범위가 얼마든지

다양해질 수 있음을 보여주었다.

그렇다면 그의 하모니카 연주에 왜 그토록 사람들이 매료되는 걸까. 그의 연주를 한 번이라도 듣고 나면 사람들은 그를 최고의 하모니카 연주가라고 부르기를 주저하지 않는다.

하모니카를 연주하는 비결을 묻자 그는 이렇게 말한 바 있다.

"최고의 하모니카 연주는 사람이 노래하는 것 같아요. 테크닉도 중요하지만 연주 당시의 심성이 녹아 있어야죠."

그렇다. 살아 숨 쉬는 훌륭한 연주는 단지 테크닉의 문제만이 아니었던 것이다. 하모니카와 혼연일체가 되어 마음을 담아 연주함으로써 그는 하모니카 자체가 될 수 있었던 것이다.

최고의 하모니카 연주가가 되어 사람들의 찬사를 한 몸에 받고 있는 그이지만, 여전히 그에게는 사람들의 편견에 대한 아픔이 고스란히 남아 있다. 그는 자신이 연주가 이전에 그러한 세상의 벽과 싸워야 한다는 걸 알고 있다. 그는 말한다.

"한때 소설가 박완서가 아니라 '여류작가' 박완서라고 소개하곤 했잖아요. 마찬가지예요. 스티비 원더나 레이 찰스를 시각장애인으로 기억합니까, 천재적 음악인으로 기억합니까? 인터뷰를 하고 나면 음악 얘기는 늘 뒷전이고, 시각장애 얘기만 잔뜩 기사로 나와요. 사람들은 내 음악에 주목하는데, 왜 언론은 장애에만 집착하는지 모르겠어요."

어쩌면 나 역시도 그가 시각장애를 딛고 성공했다는 점을 우선시하고 있는지 모른다. 그러나 장애를 극복했기에 더 위대하게 보이는 것은 어쩔 수 없는 사실이다.

성공도 중요하지만 누가 어떤 역경을 이겨냈느냐가 더 가치 있는 것일 수 있기 때문이다. 그런 점에서 그에게 조용히 화이팅을 외쳐 본다.

CHAPTER 20

세계의 산악들을 정복하는 양손 없는 사나이

_ 김홍빈 _

레닌파크(7,134m)

아콩가구아(6,962m)

맥킨리(6,194m)

이 산들은 열 손가락이 없는 산악인 김홍빈 씨가 오른 산들의 이름이다. 손가락이 한두 개도 아닌 열 손가락 전부가 없는 상태에서 산을 오른다는 건 가능한 일일까. 게다가 그는 국내가 아닌 세계적으로 높기로 유명한 산들만 찾아다닌다.

그는 1991년 양손을 절단했던 뼈아픈 기억을 뒤로한 채 '제2의 산악인생'을 살고 있다. 과연 그 원동력은 무엇일까.

손가락을 모두 잃은 지금도 인라인 스케이트를 즐겨 탈 정도이지만, 그는 유년시절에도 운동을 좋아했다. 초등학교 때 꿈은 배구선수였다. 고등학교 때는 운동을 잘한다는 소문이 나서 축구, 배구 등 운동부에서 경쟁적으로 가입을 권유했지만 그의 관심을 끈 것은 산악등반이었다. 대학에 가서도 산악부 활동에 적극적이었다. 그는 자신이 산에 오르는 걸 포기하지 않는 이유에 대해 이렇게 말하면서 산에 대한 애정을 보였다.

"산에 오르면서 희열감을 느껴요. 처음에는 작은 산에서 시작해 산에 오르는 방법을 터득하면 큰 산을 오르고 싶죠. 그래서 산악인들이 끊임없는 도전을 하는 것입니다. 자신의 한계를 시험해보는 것이죠."

그는 대학 재학 중에 광주 전남 암벽대회 2위, 전국 등산대회 3위에 오를 정도의 실력을 지니고 있었다. 1988년에는 설악산 토왕폭을 등반하면서 등반에 대한 자신감을 키워나갔다. 1990년에는 에베레스트(8,848m)와 낭가파르밧(8,125m)을 등반했다. 자신감으로 가득 차 있던 그는 1991년에 북미 맥킨리(6,194m)를 혼자 오르게 되었다.

그러나 맥킨리 등정은 결코 돌이킬 수 없는 고통의 기억을 남겨주게 되었다. 정상을 지척에 두고 체력이 떨어지면서 혼수상태에 빠지게 되었고, 사람들에게 발견되었을 때에는 무서운 결과가 그를 기다리고 있었다. 심한 동상으로 양팔을 절단하지 않을 수 없었던 것이다.

3개월 동안 캐나다 프로비던스 병원에 누워 양손이 없는 자신을 보면서 숱한 자살을 결심했다. 그러나 그는 결국 다시 살아보는 것으로 마음을 굳히게 되었다.

"힘들어서 포기하고 싶었을 때 저를 다시 세상에 나오게 만든 것은 여러 선후배들의 격려였죠. 산에 데리고 가고, 대소변 가리는 것도 도와주고, 밥 먹는 것과 운전하는 것도 도와주는 등 밖에 나가는 일에 용기를 주었습니다."

그렇게 해서 살아갈 용기를 얻은 그는 오랜 훈련을 통해 양손이 없는 상태로 다시 산을 오르게 되었다. 사고 후 6년 만의 일이었다.

이제 산악등반은 그에게 다른 의미를 주었다. 전에는 단지 산이 좋아서 하는 산악등반이었지만, 사고 후에는 자신과의 싸움에서 살아남는 것이기도 했다. 사람들은 그런 그에게 "산에서 양손을 잃고도 그것도 모자라 또 산을 오르느냐?"며 손가락질을 하였다. 그러나 산을 오르기를 두려워하는 것은 그에게는 세상에도 나아가지 못함을 의미하는 것이었다. 산이나 세상이나 위험한 요소는 다 마찬가지로 존재하기 때문이었다.

그리하여 그는 1997년 선후배들과 함께 일본 다테야마(3,105m)를 등반했다. 그걸 시작으로 자신감을 얻고 1997년에는 킬리만자로(5,895m), 1998년에는 남미 아콩카구아(6,962m), 2000년에는 마나슬로(8,163m)와 에베레스트(8,848m) 도달, 2002년에는 북미 맥킨리(6,194m) 등정을 거듭해나갔다.

이후 그는 한국대학산악연맹으로부터 올해의 산악인상을 받았고, 월간 〈사람과 산〉에서 알파인 클라이머상을 받기도 했다.

그는 앞으로도 산에 대한 도전과 꿈꾸기를 멈추지 않을 거라고 말한다.

"남들은 저에게 그러더군요. 정말 대단하다. 의지의 한국인이다.

그러나 사실 그렇지도 않아요. 저는 아직까지도 부족하다고 생각하고 있습니다. 단순히 산을 사랑했기 때문에 계속 찾았던 것뿐입니다. 산은 저에게 거짓말을 하지 않아요. 인생을 사는 데 많은 경험도 축적시켜 주고 현실에 충실한 삶을 살게 해줍니다. 오히려 학교에서 배우는 것보다 산에서 배우는 것이 훨씬 더 많은 것 같아요."

그는 앞으로 7대륙을 전부 정복하겠다는 포부를 가지고 있다. 산이 높아서 못 오른다고 하는 것은 그의 입장에서 보면 변명일 뿐이다. 그는 열 손가락이 없어도 세상에 못 오를 산은 없다고 믿고 있다.

우리는 때때로 우리의 환경과 처지를 비관하여 도전조차 하지 않을 때가 있다. 산을 오르는 데 열 손가락이 없어도 충분하다면 우리는 정말 무엇이라도 할 수 있지 않을까.

PART 03

당신의 이미지를
디자인하라

CHAPTER 21

나의 가치는
나에 의해 극대화된다

다른 사람들에게 어떤 사람으로 보이고 싶은가는 곧 그 사람의 행동반경을 결정하는 요소가 된다. 사람들은 누구나 자신이 중요하게 생각하는 가치로 상대방에게도 보여지기를 원하기 때문이다.

어느 한 사람의 가치란 그 사람이 보여주는 외적 이미지만을 가지고 평가되지는 않는다. 그 사람의 생각이나 가치관, 교양 등등의 내적 이미지까지를 포함한다.

사람들에게 호감을 유지시키고 관계에 영향을 미치는 것은 결국 내적 이미지라고 할 수 있다. 우리가 누군가를 평가할 때 무엇에 대해 주로 말하는가를 생각하면 그 점은 더욱 분명해진다.

"K씨는 일을 처리하는 능력이 정말 뛰어나."

"P는 매사에 다른 사람을 배려하는 모습이 보기 좋아."

"L은 모양만 낼 줄 알았지 도통 일에 대해서는 관심도 없다니까."

이런 식으로 사람들은 그 사람이 지닌 삶의 태도와 방식을 평가 기준으로 삼는다. 외모는 인상에 대한 참고 사항은 될 수 있어도 그 사람의 가치를 결정적으로 좌우하지는 않는다.

주변엔 그 사실을 인식하지 못하는 사람들이 많다. 특히 아직까지도 여성들은 내적 이미지보다 외적 이미지를 가꾸는 데 치중한다. 서비스업에 종사하는 여자들은 더욱 그렇다.

카페나 음식점 같은 곳을 가 보면 젊고 예쁜 여성들이 종업원으로 일하는 곳이 많다. 그런데 대개는 예쁘고 젊은 여성일수록 손님에 대한 서비스와 친절도가 부족한 경우가 많다.

그들은 일을 하면서 내심 자신이 젊고 예쁘기 때문에 그런 서비스 정신은 필요하지 않다고 생각한다. 그리고 한편으론 '내가 꼭 저 사람들에게 설설 길 필요가 있을까. 나는 그저 돈을 받는 만큼 주문을 받고 서빙만 하면 돼.' 하는 안이한 생각을 한다.

결국 그런 불친절과 소극적인 태도는 손님들에게 불쾌감을 주게 되고 매상 감소로 이어진다.

그런 면에서 식당에서 서빙하는 종업원이든 중소기업 직원이든 대기업 임원이든 혹은 한 가정의 주부이든 어떤 마음으로 자신의 일에 임하느냐는 매우 중요한 것이다. 어떤 일도 중요하지 않은 일은 없다.

일에는 귀천이 없다. 다만 그 일에 임하는 그 사람의 마음가짐이 어떠냐에 따라서 생각의 귀천이 있을 뿐이다. 그런데도 사람들은 자신이 하고 있는 일에 전력을 기울이지 않는 것은 그 일이 중요하지 않기 때문이라고 생각한다.

'내가 이런 작은 분식집에서 설거지나 하고 있으니 대충 일을 하는 거지, 솔직히 나한테 대형 음식점의 운영을 맡겨주면 정말 잘할 자신이 있는데.'

그러나 천만의 말씀이다. 모든 성공한 사람들의 공통점은 그들이 이미 가장 바닥에 있을 때부터 자신의 전부를 걸고 최선을 다했다는 것이다. 내가 무엇을 하든 어떤 자리에 있든 그 순간에 나의 가치를 극대화시킬 때 더 높은 곳으로 나아갈 기회를 얻을 수 있다.

말로 나의 상품성을 아무리 주장해도 다른 사람의 눈에 보이지 않는 가치라면 절대로 나에게 투자하지 않는다. 세상은 냉혹한 것이다. 누가 내게 일할 기회를 주지 않거나 하는 일에 대하여 인정을 해주지 않는다면 분명 그것은 나에게 문제가 있다는 증거이다.

나는 제대로 내 능력을 보여주고 있는지, 내 일에 전력투구하고 있는지, 그 외에 나의 무엇이 부족한지를 되돌아봐야 한다.

그렇다면 어떤 사람들이 사회로부터 인정을 받는 걸까? 나는 크게 이 세 가지를 꼽고 싶다.

1. 열정을 가져라.

앞서도 잠깐 언급했지만 강의를 하다 보면 어느 날은 유난히 힘이 없고 강의가 안 풀리는 날이 있다. 그런 날은 백발백중 강의를 듣는 사람들의 반응도 시큰둥하다.

똑같은 강의안과 주제를 갖고 강의를 하기 때문에 별반 다를 게 없고, 강의를 듣는 사람들이 내 마음의 변화를 알 리 없다. 하지만 강의를 듣는 사람들은 나의 태도와 행동에서 열정이 없음을 눈치 채게 되고, 곧바로 자신들의 듣고자 하는 열정도 잃고 마는 것이다.

무슨 일이든 다 그렇다. 내가 열정적인 태도와 행동을 보여줄 때 주변 사람들도 반응하고 동조하게 된다. 만약에 내가 무엇인가를 할 때 주변에서 미지근한 태도를 보이거나 동요하지 않는다면 그 사람들의 탓이 아니다. 내가 에너지를 다 쏟아내지 못했음을 부끄럽게 생각해야 한다.

그러므로 사적이든 공적이든 매사에 열정을 잃지 말아야 한다. 열정은 주변 사람들에게 에너지를 전달해주고, 그것은 다시 나에게 돌아온다.

2. '나는 중요한 사람이다.' 라는 사실을 기억하라.

사람은 자신이 스스로를 평가하는 만큼 대우 받는 법이다. '내 주제에 뭘…….' 하고 생각하면 주위 사람도 그렇게 대하고, '나는 소중한 사람이고 중요한 사람이야.' 하고 생각하면 주변에서도 그만큼의 가치로 대하게 된다.

사람들은 다른 사람들에게 중요한 사람으로 인정받고 싶은 욕구가 크다고 한다. 부모는 자식에게, 자식은 부모에게, 부하는 상사에게, 상사는 부하에게, 또 친구에게, 애인에게 중요한 사람으로 인정받고 싶어 한다.

한 CF 대사처럼 "나는 소중하니까요."이다. 내가 소중하기 때문에 중요한 사람으로 인정받고 싶은 것이다. 즉, 내가 나를 중요하게 생각했을 때 다른 사람들도 나를 중요하게 생각한다.

그것은 나의 생각이 나의 태도와 행동을 결정하고, 동시에 나의 행동이 나에 대한 타인의 반응을 결정하기 때문이다. 그렇다고 나에 대한 자긍심이 지나쳐서 이기주의가 되거나 남을 배척하는 것은 곤란하다.

남을 배려하지 못하는 이기적인 사람, 매사에 부정적으로 반응하는 사람, 늘 인상을 찡그리며 신경질적인 사람이 사회적으로 인정받고 성공한 예는 없다.

나에 대한 자긍심을 갖는 만큼 매사에 신중하게 행동하고 타인에 대한 배려도 그런 마음으로 한다면, 그 사람은 어느 곳에서나 환영받고 인정받는 사람이 될 것이다.

3. 모든 건 마음먹기 달렸다.

내가 하체를 마음대로 쓰지 못하는 건 다리 자체의 문제 때문이 아니다. 척추를 다쳤기 때문에 다리에까지 영향을 미쳐 잘 걷지 못하는 것이다.

그래서 나는 다른 사람들이 1분에 가는 거리를 10분쯤 걸려서 겨우 도착할 수 있다. 평평한 길이 아니면 그것도 어려워 난간의 도움을 받거나 누군가의 부축을 받아야만 한다. 이런 불편함은 일시적인 것도 아니고 차차 나아지는 것도 아니다. 평생 이렇게 살아야 하고,

나이가 들면서는 더욱 나빠질지도 모른다.

그래도 난 행복하다. 그냥 입으로만 인정하는 '행복'이 아닌 저 깊은 곳에서 우러나오는 행복에 대한 진정한 감사이다. 남들보다 열 배쯤 느리고 계단 하나를 오를 때에도 땀을 뻘뻘 흘려야 하지만, 그러한 느림보 걸음일망정 내 의지대로 걸을 수 있음에 감사하고 행복하다.

사고 당시 나의 첫 진단명이 99% 하반신 마비였기에 아무도 내가 걸을 수 있다고 생각하지 않았고, 퇴원할 때도 의사들은 내가 지팡이를 짚고 걷는 것만도 기적 같은 일이라고 했다. 그러나 나는 그 지팡이마저 집어던졌고, 지금은 비록 한 걸음씩 느리게 움직이지만 그래도 나는 걷고 있지 않은가.

이러한 일들은 모두 내가 그토록 갈망하고 원하던 것이었기에 현실로 나타난 것이었다. 처음에 사고가 나서 하반신 마비라는 진단을 받고 누워 있을 때 나는 내 하체가 다시 살아나기를 갈망했었다.

"난 이대로 누워서 살다 가진 않을 거야. 나는 반드시 일어나고야 말겠어!"

그러면서 엄청난 노력을 해서 휠체어에서 일어나 설 수 있게 되었을 때 나는 걸을 수 있을 거라는 신념을 버리지 않았다. 그리고 마침내 지팡이를 짚고 어렵게 한 걸음씩 걸을 수 있게 되었을 때에도 나는 또 다른 것을 갈망했다.

"아, 지팡이를 버리고 걷고 싶어. 나는 그렇게 될 거야. 나는 할 수 있어."

그리고 마침내 나는 비록 한없이 힘겹고 비틀거리는 걸음일망정 지팡이 없이 보행을 할 수 있게 되었다.

그렇다. 모든 것은 마음먹기 나름이다. 내가 된다고 할 수 있다고 생각하고 행동하면 되는 것이고, 안 될 거라고 불가능하다고 생각하면 정말 그렇게 되는 것이다.

만약 누군가 당신의 태도와 행동을 보고 '열정적이며 자신에게 가치를 부여하고, 무엇이든 긍정적으로 밝게 생각하는 사람'이라고 평가한다면 당신은 이미 당신의 이미지 메이킹에 성공한 것이다.

CHAPTER 22

감사함은
최고의 긍정적인 말이다

"감사합니다."

이 말을 하는 순간 자기 마음은 물론이고 듣는 사람의 마음도 환해진다. 감사함을 알아주고 그걸 표하는 일은 상대를 위해서만이 아니다. 감사함을 인정하고 말하는 순간 내가 먼저 행복해지기 때문이다.

'범사에 감사하라'는 성경 구절도 있듯이, 사람들에게 매사에 감사함을 가지라고 말하면 사람들은 되묻는다.

"살면서 뭐 감사할 일이 있나요? 복권이라도 당첨되면 모르지만……"

그런데 그건 모르는 소리다. 하루를 살면서 감사하기로 따지면 모든 것이 다 감사할 일임을 알게 된다.

아침에 일어나서 기분 좋게 시원한 물을 마시기만 해도 우리 몸속의 세포들이 '아, 시원해!' 하면서 세포 하나하나가 기뻐한다고 했다. 반면에 잔뜩 찡그린 마음으로 물을 마시면 그 물은 결코 세포들의 환영을 받을 수 없다.

어느 분이 이런 말씀을 하셨다.

"아침에 일어나면 밤사이 아무 탈 없이 자고 다시 하루를 살 수 있게 되어서 감사하고, 두 눈으로 아름다운 세상을 볼 수 있어서 감사하고, 살아 있으니 숨 쉴 수 있고 그래서 공기를 마음껏 들이쉴 수 있어서 감사하고, 팔다리를 자유롭게 움직일 수 있음에 감사하고, 내 주위에 나를 사랑하는 사람이 있으니 감사하고, 내가 누군가를 사랑할 수 있으니 감사하고……."

그러면서 그분은 끝으로 이렇게 말했다.

"네 몸속에 같이 사는 병에게도 감사해라. 네가 감사하다는데 하물며 그 병이 네게 해를 끼치겠느냐. 네가 지금 이 순간 살아 있지 않다면 네 고통도 이미 고통이 아닐 것 아니겠느냐."

생각해보면 우리는 정말 감사함을 잊고 산다. 누군가의 말처럼 복권이라도 당첨될 정도의 일이 아니라면 감사할 게 없다고 여길 정도로 정서가 메말라 있기 때문인지도 모른다.

그러나 복권이 당첨되었다고 해서 그것이 꼭 감사로 이어지지 않을 수도 있다. 오히려 복권 당첨이 화를 불러일으켜서 불행해졌다고 말하는 사람들이 더 많다.

일상의 평범하고 소소한 일들이 우리가 실제로 감사하게 여기고 소중하게 받아들여야 할 부분일 수 있다. 평범하고 사소한 것처럼 보이는 것에도 얼마나 큰 의미가 있고, 그 자체가 얼마나 축복인가를 안다면 말이다. 그러므로 감사함을 갖는 일은 우리가 마음먹기에 달려 있다. 어떻게 생각하느냐에 달려 있다. 그런 점에서 아래의 글은 우리에게 많은 교훈을 준다. 글쓴이를 찾을 수 없어 본문만 소개한다.

10대 자녀가 반항을 하면
그건 아이가 거리에서 방황하지 않고 집에 잘 있다는 것이고
지불해야 할 세금이 있다면
그건 나에게 직장이 있다는 것이고
파티를 하고 나서 치워야 할 게 너무 많다면
그건 친구들과 즐거운 시간을 보냈다는 것이고
옷이 몸에 조금 낀다면
그건 잘 먹고 잘 살고 있다는 것이고
깎아야 할 잔디, 닦아야 할 유리창, 고쳐야 할 하수구가 있다면
그건 나에게 집이 있다는 것이고
정부에 대한 불평불만의 소리가 많이 들리면
그건 언론의 자유가 있다는 것이고
주차장 맨 끝 먼 곳에 겨우 자리가 하나 있다면
그건 내가 걸을 수 있는 데다 차도 있다는 것이고
난방비가 너무 많이 나왔다면
그건 내가 따뜻하게 살고 있다는 것이고
교회에서 뒷자리 아줌마의 엉터리 성가가 영 거슬린다면

그건 내가 들을 수 있다는 것이고

세탁하고 다림질해야 할 일이 산더미라면

그건 나에게 입을 옷이 많다는 것이고

온몸이 뻐근하고 피로하다면

그건 내가 열심히 일했다는 것이고

이른 새벽 시끄러운 자명종 소리에 깼다면

그건 내가 살아 있다는 것이고

그리고

이메일이 너무 많이 쏟아진다면

그건 나를 생각하는 사람들이 그만큼 많다는 것이지요

마음속에 나도 모르게 일궈진 불평불만들

바꾸어 생각해보면 또 감사한 일이라는 것을

마음에 새겨지는 글이다. 이처럼 우리가 문제라고 생각하던 것들, 불만으로 삼았던 것들이 어쩌면 또 다른 감사할 일이라는 걸 우리는 종종 잊고 산다.

어떻게 살아갈 것인가. 불평불만에 자신과 주변을 괴롭히며 불행한 삶을 살 것인가, 작은 일에도 감사함과 의미를 되새기며 여유 있는 삶을 살 것인가는 나에게 달려 있다.

세상을 감사함으로 보자. 긍정의 코드로 세상을 읽자. 나의 마음과 눈이 긍정적으로 바뀌면 나의 삶도 나에게 긍정과 감사의 인생을 가져다준다.

CHAPTER 23

열매는 내가
심은 것으로만 나온다

지난 2001년에 사망한 현대그룹 창업주 정주영 회장은 국내 경제계에 한 획을 그은 거목이었다. 그의 좌우명은 알려져 있다시피 '시련은 있어도 실패는 없다.' 이다.

그의 이 말이 회자되고 명언으로 인정을 받을 수 있는 것은 그가 이 구절대로 살아왔으며 성공을 이루었다는 데 있다. 그는 작은 가게에서 일개 점원으로 일을 할 때에도 자신의 열정을 쏟으며 즐겁게 일했다. 그러면서 언젠가는 자신이 원하는 걸 이루게 될 거라는 믿음을 잃지 않았다.

그는 자신이 성공할 수 있다는 자신감과 확신을 100% 갖고 있었기에 훗날 사업을 확장해가면서도 '실패하면 어쩌지?' 하는 불안감은 단 1%도 가지지 않았다. 그러기에 그는 평생을 일 속에 파묻혀 살았으며 그 일을 즐길 줄을 알았다.

한 국가를 대표하는 대기업 회장이면서도 그는 자신에 대해 이렇게 표현했을 정도로 자신의 일을 즐기고 사랑했던 사람이었다.

"나 자신은 나를 자본가로 생각해본 적이 없다. 나는 그저 꽤 부유한 노동자일 뿐이며, 노동으로 재화를 생산해내는 사람일 뿐이다."

그런 철학을 지녔기에 그는 성공이라는 열매를 수확할 수밖에 없었던 것이다. 사람들은 모두 자신이 뿌린 만큼의 열매를 거두게 되어 있다. 만약에 수확한 열매가 부실하고 볼품없다면 자신이 열심히 농사짓지 않은 것이다.

중국의 《설원(說苑)》이란 책에는 이런 말이 나온다.

"화와 복은 땅속에서 나오는 것도 아니고, 하늘에서 내려오는 것도 아니며, 모두가 자기 스스로 만들어내는 것이다."

맹자는 일찍이 이런 말을 했다.

"뜻이 한결같으면 기를 움직이게 되고, 또 기가 한결같아도 뜻을 움직이게 된다."

이 두 가지 모두 사람의 마음가짐과 의지, 신념에 대해서 말하고 있다. 나는 사고를 겪은 다음부터는 이렇게 사람의 의지나 노력을 강조하는 문구들을 좋아하게 되었다.

《설원》에 나오는 위의 말은 특히 내 인생의 좌우명과도 같을 정도로 마음에 와 닿는 말이다. 이 책이 만들어진 중국 고대의 정서에는 예로부터 인간의 길흉화복은 모두 하늘에서 나오는 것이므로 자연의 섭리에 순응해야 한다고 믿고 있었다. 그런데 그걸 뒤엎고 인간의 의지가 무엇보다도 자신의 화와 복을 관장한다고 강조하고 있기에 저 시대를 뛰어넘는 훈계에 동조의 박수를 보낼 따름이다.

그런데 오늘날 오히려 시대착오적인 편견에서 벗어나지 못하는 사람들이 많다. 앞날에 대해 적극적인 모색이나 노력도 하지 않고, 또 어려운 일이 생겨도 적극적으로 벗어날 노력도 하지 않는 것이다. 그런 사람들은 공통적으로 이런 생각을 가지고 있다.

'잘살고 못살고가 어디 내 마음대로 되나? 하늘이 도와야지.'

'저 친구 보라고. 나보다 잘난 게 하나도 없는데 하늘이 도우니까 저렇게 술술 풀리잖아. 사람은 무조건 운이 좋아야 한다니까.'

'나한테 이런 불운이 닥친 건 내 팔자가 그래서인 걸 어떻게 하겠어. 순순히 받아들이고 이렇게 살아가는 수밖에.'

참으로 답답하고 한심한 생각이 아닐 수 없다. 이런 생각을 갖는 한 그들은 자기 인생에 스스로가 어떠한 힘도 미치지 못한다. 자기 인생의 주인공이 아니라 방관자이고 무책임한 도망자일 뿐이다.

스스로가 자기 인생의 적극적인 주체가 되지 못한다면 그 누가 그 사람의 인생을 돕겠는가. 어느 누구에게도 이미 만들어진 열매란 없다. 태어날 때부터 이미 만들어진 열매가 있다면 누구든 아무것도 할 필요가 없다. 그저 입만 벌리고 있다가 자기 앞에 예정된 열매를 받아먹기만 하면 된다.

하지만 인생에서 얻어지는 그 수많은 열매와 결실들은 바로 내가 뿌린 것에서만 나온다는 걸 알아야 한다. 내가 뿌리지도 않은 열매가 하늘에서 뚝 떨어지는 일은 없으며, 열심히 씨를 뿌리고 가꾼 다음에야 비로소 원하는 열매를 딸 수 있다.

결국 내가 어느 날 손에 쥐게 되는 열매란 내가 오랜 세월 가꾸고 절실한 마음으로 꿈꾸었던 그 열매라는 사실을 기억해야 한다.

사고 후 병원에서 재활 치료를 할 때였다. 그때 물리치료사들이 내게 권유했던 것 중에 하나가 이미지 트레이닝이었다. 비록 내 하체는 꼼짝할 수도 없었지만, 내가 바라는 모습으로 나를 상상하고 그려보는 일을 반복하라는 것이었다.

그래서 나는 하루에도 수십 번씩, 아니 수백 번씩 눈을 감고 내가 걸어 다니고 달리고 춤추고 운동하는 모습을 상상했다. 상상 속에서만큼은 나는 사고 전처럼 등산도 하고 친구들과 운동도 하고 음악에 맞추어 멋지게 춤도 추었다.

그러면서 나는 내가 언젠가는 그것들을 다시 예전처럼 하게 될 거라고 믿었다.

'걱정하지 마. 너는 곧 다시 일어나 모든 걸 할 수 있게 될 거야. 이건 단지 상상만이 아니야. 이전에도 내가 쭉 해오던 것들 그리고 앞으로도 할 수 있는 것들이야. 지금은 잠시 쉬고 있을 뿐, 나는 곧 다시 일어나서 내가 지금 머릿속에서만 꿈꾸는 일들을 하게 될 거야.'

그런 생각을 하는 동안은 내 기분도 좋아졌다. 그와 동시에 빨리 나아서 걷고 달리고 싶다는 욕구가 솟구쳤다. 그럴수록 나는 내가 하고 싶은 것들을 머릿속에서 적극적으로 상상하면서 열망했다.

그리하여 나의 다시 걷고 싶다는 열망의 싹은 마침내 오늘날 나를 다시 걸을 수 있는 열매로 나타났다. 결과란 그런 것이다. 오래 꿈꾸고 노력하고 열망한 자에게만 원하는 결과를 만들어준다.

골프를 배울 때도 이미지 트레이닝을 많이 한다. 스윙을 멋지게 하는 동작을 상상하다 보면 필드에 나가서도 제대로 된 동작을 해낼 수 있기 때문이다.

우리는 누구나 성공한 사람들의 인생을 부러워한다. 그러면서 그런 사람들은 천운이 따랐기에 가능했다고 쉽게들 말한다. 나 역시도 그런 생각을 하던 때가 있었다.

그러나 지금은 분명하게 말할 수 있다. 하늘이 도와 성공에 이르는 게 아니라고. 자신이 자신을 위해 열정과 의지를 갖고 백 프로 자신을 소진했을 때 비로소 하늘도 감동을 하는 거라고.

만약에 누군가 자신은 철저하게 운이 나빠서 아무리 노력해도 열매를 맛볼 수 없었노라고 한다면 그는 비겁한 변명을 내세우는 것이다.

나에게 지금 너무나 절실하게 원하는 열매가 있다면 그 열매의 속성을 닮은 씨를 먼저 심어야 한다. 그리고 열심히 가꾸고 시간과 에너지를 쏟고 오래 기다려야 한다.

그러면서 그 씨앗이 점점 커지고 자라서 나에게 가져다줄 열매의 기쁨에 대하여 꿈꾸고 상상하기를 게을리 하지 말아야 한다. 그러다 보면 어느 날 내 앞에서 그토록 원하던 열매가 나에게 미소를 띠우며 말할 것이다.

"당신이 그토록 원하던 것입니다. 이제 당신 것입니다."

그렇다. 그것이 슬픔이든 기쁨이든 저절로 얻어지는 것은 이 땅 위

에 아무것도 없다. 지금 당신 앞에 놓여 있는 그 열매는 바로 당신이
심었던 그 씨앗의 열매일 뿐이다.

CHAPTER 24

행복의 지름길로 가는
10가지 긍정의 열쇠들

우리는 모두 행복해지고 싶어 한다. 그러나 사람들의 행복의 조건은 제각기 차이가 있다. 우리가 행복의 기준을 무엇으로 하느냐에 따라서 우리는 그 문을 빨리 열 수도 있고 평생 열 수 없을지도 모른다.

나는 행복의 시작은 그것을 열망하고 꿈꾸는 마음에서 출발한다고 본다. 우리의 생각이 긍정적일수록 행복의 문은 우리의 예상보다 더 빠르게 문을 열어줄 것이다.

지금까지 나에게 행복할 수 있게 해주었고 그것을 깨닫게 해주었던, 내가 알고 있는 행복의 문으로 나아가기 위한 긍정적인 생각의 열쇠들은 이런 것들이었다.

1. 나에게 일어나는 일들을 긍정적으로 생각한다.

누누이 말하지만 긍정적인 사고의 효과는 상상 그 이상이다. 자신에게 일어나는 일들에 대하여 "왜?"나 "하필이면……." 하는 한탄에 빠져 있다 보면 점점 수렁 속으로 빨려 들어갈 뿐이다.

차라리 그때엔 그 문제를 정면으로 바라보고 현실로 받아들여라. 그런 다음 문제 해결을 위해 끝까지 싸우고, 해결할 수 없는 거라면 있는 그대로를 받아들여라. 어느새 그 문제는 문제가 아닐 수 있게 된다.

2. 행복의 출발점은 가족이다.

내가 행복해지기 위해 노력하는 것은 나 자신만을 위해서가 아니다. 나와 가까운 내 주변을 위해서이다. 우리 주변엔 일에서 성공하기 위해 가족의 희생을 담보로 하는 사람들이 많다. 그것은 완전한 성공이 아니다. 내가 행복해지기 위해 가까운 사람의 희생을 필요로 한다면 그것은 이미 어리석은 욕망에 불과하다. 행복은 나와 내가 사랑하는 가족을 위한 공동의 그림이어야 한다.

3. 몸과 마음의 건강을 소홀히 하지 않는다.

행복해지기 위해서는 오랜 시간과 많은 노력이 필요하지만 그것을 잃는 것은 잠깐이다. 특히 몸과 마음 중 어느 하나라도 병들게 되면 그동안 지켜왔던 다른 것들도 위태롭게 된다.

마음이 다치면 몸까지 나빠지고, 몸의 건강을 잃으면 마음에도 상처를 입히는 법이다. 따라서 행복해지는 데는 이 둘의 건강함을 결코 소홀히 해서는 안 된다.

4. 위기를 극복할 수 있는 의지와 신념을 키운다.

모든 사람들은 살아가면서 위기와 만나게 된다. 그럴 때 어떤 사람은 그것을 극복하여 더 큰 발전을 이루어내지만 어떤 사람은 결코 돌이킬 수 없는 나락으로 떨어지게 된다. 같은 고난 앞에서 상반된 결과를 보이는 것은 그 사람의 의지와 신념에 차이가 있기 때문이다. 의지와 신념은 한순간에 만들어지는 게 아니다. 이것들은 살아가면서 자신의 마음속에서 반복되어 훈련되면서 자리 잡은 고귀한 감정이다.

5. 잘못을 인정할 수 있는 솔직함을 가진다.

살아가면서 가장 많이 써야 하는 말은 '감사합니다.', '사랑합니다.' 그리고 '미안합니다.' 이다. 그 중에서도 자신의 실수나 잘못을 인정하는 말인 '미안합니다.' 는 매우 중요하다.

이 말은 시기를 놓치면 대인관계를 그르치게 된다. 그러나 자기가 잘못했다는 걸 깨닫는 순간 "그건 내 잘못입니다. 미안합니다. 용서하세요." 하고 말한다면 용서와 이해받는 것도 어렵지 않다. 실수했을 때 그 실수를 인정하는 태도는 성숙된 인격을 보여주는 것이다.

6. 참고 기다릴 줄 알아야 한다.

참고 기다릴 줄 모르는 사람은 진정한 열매를 맛볼 수 없다. 좋은 것은 늘 천천히 오게 마련이다. 그 시간을 기다리지 못하고 서두르다 보면 끝까지 갈 수 없게 되고, 당연히 손에 어떤 열매도 쥘 수 없게 된다. 지금 당장은 아무것도 보이지 않을지라도 참고 기다릴 줄 아는 인내를 가져야 한다.

7. 웃어라. 행복해서 웃는 것이 아니라 웃음으로써 행복해진다.

만약에 당신이 웃음에 인색하지 않다면 당신은 이미 행복의 지름 길을 알고 있는 것이다. 사람들은 흔히 이렇게 말한다.

"웃을 일이 있어야 웃지."

그러면서 하루 종일 무표정한 얼굴을 하고 굳은 채로 산다. 그러나 누군가 당신을 웃게 하기 이전에 그냥 웃어보라. 행복해서 웃는 게 아니라 웃음으로써 행복해진다는 걸 알게 된다.

8. 내 안에 어떠한 편견과 잣대도 키우지 않는다.

나는 장애를 가지고 있다. 만약에 누군가 그 이유로 나에게 차별이나 편견의 잣대를 휘두른다면, 나는 어쩔 수 없이 그 '보이지 않는 폭력'에 당할 수밖에 없다.

우리 사회는 그런 식으로 차별과 편견의 잣대를 많이 가지고 있다. 인종에 대하여, 학벌에 대하여, 외모에 대하여, 빈부에 대하여, 장애 유무에 대하여 등등. 그러나 당신이 차별과 편견의 잣대를 휘두르는 그 순간 당신 또한 누군가로부터 그런 이유로 차별 받을 수 있음을 알아야 한다.

9. 누군가에게 받으려고 하기 전에 주는 것을 먼저 하라.

현대인의 관계는 조건부이다. '네가 무엇을 해주면 나도 무엇을 해주겠다.' 어쩌면 자본주의 사회에서 당연한 시장논리인지도 모른다. 그러나 때론 그런 계산을 하지 않고 상대에게 다가섰을 때 훨씬 더 많은 행복을 되돌려 받기도 한다.

내가 먼저 다른 사람에게 마음을 열고 다가가 호의를 베풀어보라. 그 호의는 곧 나에게 몇 배의 기쁨으로 되돌아오는 걸 경험하게 될 것이다.

10. 항상 최선을 다하되 가능한 목표를 설정하라.

누구나 자기 삶의 목표가 있다. 그것이 무엇이든 궁극적으로 목표 실현을 통하여 얻고 싶은 것은 성취감과 행복일 것이다. 목표 그 자체가 목표인 사람은 없다. 우리가 더 많이 행복해지고 싶어서 목표를 설정하는 것이다.

그러나 개개인의 역량과 환경이 다르듯 목표 또한 같을 수가 없다. 누구에게는 쉽게 이룰 수 있는 게 누구에게는 평생을 노력해야 얻어지는 것이 있고, 또 누군가는 중요하게 여기지 않는 가치가 또 다른 누군가에게는 너무나 원하는 목표일 수도 있다.

중요한 것은 어떠한 목표이든지 그 사람에게는 모두 소중한 가치가 된다는 것이다. 그런 만큼 목표는 도달 가능한 것이어야 한다. 너무 쉬워서도 안 되겠지만 평생 아무리 노력해도 이룰 수 없는 헛된 꿈에 불과한 것이라면 그 목표는 이미 목표가 아니다.

　내가 내 인생에서 중요하게 여기는 가치, 그러면서 내가 열정과 에너지를 쏟아 부었을 때 얻어질 수 있는 것, 그 목표는 유효한 것이다.

CHAPTER 25

성공으로 향하는
내적 이미지 메이킹

많은 성공한 CEO들이 그들의 성공 요인으로 자신의 지적인 능력보다는 적절한 이미지 관리를 꼽을 만큼, 그 사람이 주는 이미지의 영향이란 지대한 것이다.

이미지 관리란 없는 것을 있는 것처럼 보이게 하는 것이 아니라, 단점을 보완하면서 숨겨진 장점을 찾아내어 더 잘 보이게 부각시켜 그 사람을 돋보이게 하는 것이다.

자신의 이미지를 다른 사람에게 언제 어디서든 그 상황에 필요한 사람으로 만들어주고 그 능력을 배가시켜 주는 것이며, 나아가 개인의 내면적 잠재능력을 밖으로 표출시켜 줌으로써 활동력 있고 자신감 있는 사람, 호감을 주는 상품 및 조직으로 보이게 하는 것이다. 우리는 이것을 이미지 메이킹 및 이미지 디자인이라고 한다.

그런데 요즘의 전반적인 사회 분위기는 이미지 관리를 하는 데 있어 외적인 부분, 즉 보여지는 부분에만 지나친 신경을 쓰는 것 같다. 이는 인터넷의 발달로 여론이 모아지는 과정이 대중적이되 여과는 되지 못하는 동시에 방송 매체에서 그것을 부채질하고 나섰다는 데서 원인을 찾아볼 수 있다. '몸짱·얼짱·동안' 신드롬 같은 걸 그 예로 들 수 있다.

　천편일률적으로 외모에 대한 찬사와 거기에서 오는 네티즌들의 집단 히스테리적인 반응만을 화제로 삼고 있다. 그 안에 담고 있는 사회적인 가치 또는 외모와 함께 중요하게 취급되어야 할 '정신'은 부재해 있다.

　그런 과도한 집단의 외모에 대한 집착과 관심은 마치 '정신'이 부재한 사회에서의 '인형 뽑기'를 하는 것처럼이나 가치관의 황폐함을 보여주고 있다.

　진정한 이미지 메이킹은 외적인 이미지만을 의미하는 것이 아니라, 내적인 아름다움이 자연스럽게 외적으로 표출되어 진정 그 사람의 참모습이 그대로 보일 수 있도록 하는 것이다.

　그리고 내면에 담긴 그 사람의 장점을 찾아내어 가치를 높여줌과 동시에 낮은 에너지를 찾아 활성화시키도록 하여 성공적이고 자신감 있는 삶을 살 수 있도록 하는 것이다.

　외적인 '꼴'은 매우 아름다운데 내적인 '꼴'은 전혀 그렇지가 않다면, 그것은 진정한 이미지 관리라고 할 수 없다. 다시 말하자면 좋은 이미지를 연출하기 위해서는 결국 본인 스스로가 좋은 사람이어야 한다는 것이다.

가식적인 미소는 0.2초면 읽을 수 있듯이 가식적인 모습은 오래 가지 않아 공허한 모습, 허상으로 돌아오기 때문이다. 본인의 내면의 '꼴'이 남을 배려하고 자상하고 열정을 가지고 있으며 아름다운 마음의 소유자라면 분명 외적으로도 아름다운 사람으로 비춰질 것이다. 그리고 그런 본인의 '꼴'이 더 잘 표현될 수 있도록 하는 것이 진정한 의미의 이미지 메이킹일 것이다.

그렇다면 구체적인 내적 이미지 메이킹은 어떻게 이루어지는지 생각해보자.

1. Know myself

이미지 관리의 첫 단계는 'Know myself'이다. 자기 자신을 제대로 아는 것에서부터 이미지 메이킹은 시작된다. 많은 사람들이 자신의 장점이 무엇인지를 알지 못한 채 주어진 환경 속에서 기계적인 일상을 반복하게 된다.

그런데 자기 자신의 장단점을 찾아내서 그에 맞추어 자신을 관리해나간다면 일의 효율도 훨씬 좋아질 것이다. 그러기 위해서는 자기 성찰이 우선되어야 한다. 매일 자신의 모습과 마음 상태를 관찰하고 살피는 시간이 필요하다.

매일 아침, 잠에서 깨어나 5분간 자기관찰을 해본다. 지난 24시간을 단위로 하여, 자기가 어떤 사람이고 자신이 어떤 강점을 가지고 있는지에 대한 기본적인 성찰이 중요하다. 이것이 잘 되면 반은 성공한 것이다.

또한 자기성찰을 통해 자신을 사랑하고 자신을 긍정적으로 바라보는 것이 중요하다. 그러기 위해서 긍정적인 'pep talk(격려의 말)'를 출근하기 전 거울 앞에서 3분간 해본다. 예를 들면 이런 식이다.

"나는 나날이 좋아지고 있어. 정말 나는 멋진 사람이야."

"나는 매력적인 사람이야. 모두 나를 좋아하게 될 거야."

그런 자기격려가 반복되면서 어느새 그 자신은 자기가 원하는 이미지에 가까워지게 된다.

2. 내 안의 열정을 찾아낸다.

내적 이미지 메이킹에서 내 안에 잠재된 열정을 찾아내는 일은 중요하다. 내가 무엇에 대해 관심을 갖고 있는지, 열정을 품고 있는지를 알면 그것이 곧 나의 이미지가 되기 때문이다.

자기 안에서 열정을 발견할 수 없다면 자기의 삶을 기쁨으로 만들기 어렵다. 열정을 가지고 있는 사람은 눈빛에 생기가 있고 역동적이며, 진취적이고 항상 표정이 밝고 환하다. 그러므로 자신이 어떤 사람인지를 알기 위해 이런 물음을 던져보는 것도 좋다.

'나에게 삶을 가치 있게 하는 것은 무얼까?'

'내가 놓치며 살고 있는 것은 무얼까?'

'나는 어느 때에 사랑을 느끼고, 그것을 하는가?'

'나는 어느 때에 보람을 느끼는가?'

이러한 물음을 통하여 내 안의 열정을 발견해낼 수 있다. 하루 중

가장 많은 시간을 직장에서 보내고 인생의 3분의 2 이상을 직장에서 보낸다고 볼 때 직장에서 내가 어떤 이미지로 비춰지느냐에 따라 성공과 실패가 좌우된다고 할 수 있다. 그 생활 속에서 보람과 인생의 의미를 찾는다면 인생을 성공적으로 살 수 있다고 해도 과언이 아니다.

3. 다른 사람이 나에게 호감을 느끼도록 하라.

당신은 상대에게 어떤 사람으로 기억되고 싶은가? 성공한 사람들의 공통점들을 보면 그들은 권위적이거나 강함을 내세우지 않고 부드러움과 관대함으로 사람들의 마음을 얻었다.

그들은 대체로 따뜻한 성품을 지녔고, 사소하게 언쟁을 하지 않으면서 상대를 굴복시키는 포용력을 가지고 있으며, 다른 사람을 짓밟고 일어서는 게 아닌 동행하려고 하는 지혜와 관대함을 가지고 있다.

성공의 첫 단추는 상대방에게 믿음과 좋은 인상을 주는 데서 시작한다. 인상이 좋은 사람은 또 보고 싶어지고 함께 일을 도모하고 싶게 만든다.

그러나 좋은 인상은 갑자기 만들어지지 않는다. 얼굴에 미소만 짓는다고 좋은 인상이 되는 게 아니다. 좋은 인상에도 오랜 노력이 필요하다.

자신의 책상 위에 작은 거울을 세워두고 전화를 하면서도, 업무 중간 중간 쉬는 시간에도 스스로의 얼굴을 확인해가며 표정 관리에 신경을 써보는 것도 도움이 된다. 거울을 보게 되면 자기가 진심으로 웃는 것인지 가식으로 억지웃음을 웃는 것인지 알게 되고, 어느 때에 자기 얼굴이 가장 보기 좋은지도 알게 된다.

좋은 인상을 위해서라도 웃음에 인색하지 마라. 웃는 얼굴이 싫은 사람은 아무도 없으며, 15초 웃을 때마다 수명이 이틀씩 연장된다고 하지 않던가. 역시 밝은 마음과 환한 미소는 나 자신을 위해서도 좋은 것이다.

4. 대인관계에 최선을 다한다는 이미지를 보여주라.

성공한 사람들은 모두 이미지 메이킹에도 성공한 사람들이다. 그리고 성공한 사람들을 보면 하찮다고 생각할 만한 작은 일에도 소홀하지 않고 잘 챙겨서 여러 사람과 좋은 관계를 맺어왔다는 것을 알 수 있다.

그들은 특히 세 가지 방문을 잘했는데, 바로 '입의 방문' 과 '손의 방문' 그리고 '발의 방문' 이다. 입의 방문은 전화나 말로 사람의 마음을 부드럽게 하며 칭찬하고 용기를 주는 방문을 말한다. 손의 방문은 편지를 써서 사랑하는 진솔한 마음을 전달하는 것이고, 발의 방문은 상대가 병들었거나 어려움에 처해 있을 때 기꺼이 찾아가는 것을 의미한다.

이런 모습들을 보여줌으로써 사람들에게 대인관계에 최선을 다한다는 이미지를 갖게 하는 것은 모든 성공한 사람들이 공통적으로 가졌던 내적 이미지 중 하나다.

앞서 언급했듯이 여기저기에서 외형만 강조하는 '몸짱 · 얼짱 · 동안' 신드롬이 판을 치고 있는 이때에 "가슴이 따뜻한 사람과 만나고 싶다."라는 한 커피 회사의 CF처럼 자신을 따뜻하고 훈훈한 마음을 가진 '마음 짱'으로 만들어보는 건 어떨까.

CHAPTER 26

성공 취업을 위한
이미지 컨설팅

젊은 사람들의 취업이 해마다 심각해지고 있다. 오죽하면 '취업대
란'이라는 말까지 생겼을까. 취업이 점점 어려워지다 보니 취업 준비
생들을 위한 여러 가지 전략과 시험대비 훈련까지 시켜주는 곳들도
생겨나고 있는 실정이다.

게다가 취업에 있어서 면접의 인상이 당락에 영향을 미친다는 통
계가 나오면서 남자들까지 좋은 인상을 위해 성형수술을 하고 있다.
취업만이 살길이고, 수단과 방법을 가리지 말고 취업에 성공해야 한
다는 것이 요즘 젊은 세대들의 절박한 심정이다.

이 땅의 젊은이들은 거의 모두가 취업 열병을 앓고 있다고 해도 과
언이 아니다. 그러다 보니 많은 구직자들이 호감을 얻을 수 있는 이
미지 메이킹 방법에 대해 물어온다.

그러나 이미지 취업 면접 시 참고는 될 수 있을지언정 정답이란 건 없다. 왜냐하면 면접생들을 대면하고 인터뷰 등을 하면서 그에 따른 반응에 정해진 답이 없기 때문이다. 면접관에 따라서 어떤 사람은 호의적으로 받아들일 수도 있고, 또 어떤 사람은 그렇지 않게 볼 수도 있다. 그러니 어떤 부분들은 여전히 상황에 따라서 처신해야 할 수밖에 없다.

물론 면접 시 합격을 보장하는 노하우란 없다. 그러나 기본적으로 준비하고 알고 있어야 하는 수칙은 분명 있다. 그런 것들을 중심으로 살펴보면 다음과 같다.

1. 나의 이미지 전략을 세운다.

취업이든 미팅이든 공통되는 원칙은 상대방의 눈높이에 맞춰 그때그때 달라야 한다는 것이다. 어디에 가서 누구에게 팔까를 모르고선 어렵다는 이야기다. 어떤 회사에선 다소 튀는 이미지를 선호할 수도 있고, 어떤 회사에선 표준적이고 순응적인 이미지를 좋아할 수도 있다.

그러므로 자신이 지망하는 직장 문화의 정보를 확실히 알아두는 게 필수다. '지피지기면 백전백승'이란 말도 있지 않은가. 자신을 바르게 포장하기 위해서도 유효한 말이다.

2. 재치와 긍정적인 태도를 갖는다.

첫인상은 3초 안에 결정된다는 말이 있다. 이처럼 강렬하고도 긍정적인 인상을 심어주려면 어떻게 해야 할까. 우선 질문에 대한 답보다는 질문에 대한 태도가 중요한 경우가 많다.

탁월한 답을 하지 못할지라도 상대방의 정곡을 찔러 반전시킬 줄 아는 재치와 임기응변 능력을 보여줄 필요가 있다. 가볍지 않은 재치 혹은 긍정적 태도는 자신의 이미지를 고급스럽고 세련되게 만들어준다.

3. 자신을 멋지게 포장할 필요가 있다.

자신을 멋지게 포장한다면 분명히 상대방에게 좋은 인상을 줄 수 있다. 그런데 그 기준과 정도를 정하는 건 쉽지 않다. 심하게 튀는 정도라면 회사 내에서 조화를 이루지 못하고, 나이에 맞지 않게 구식이거나 노숙하면 감각이 떨어지는 것으로 보일 수 있다. 그러므로 자신이 가고자 하는 회사의 전체적인 분위기와 그곳에서 추구하는 이미지를 고려해야 한다.

4. 자신감을 갖는다.

미국의 심리학자 알버트 멜라비언은 사람의 이미지를 결정하는 요소를 시각 55%, 청각 38%, 언어 7%라고 정의하였다. 그 중에서 가장 큰 비중을 차지하는 시각적 요소는 결국 그 사람의 표정이나 태도라고 할 수 있다.

면접을 본다고 해서 너무 주눅들 필요는 없다. 그런 태도는 오히려 자신감의 결여로 보여 감점을 당하게 된다. 상대방을 무서운 심판관으로 생각하기보다는 상담자 혹은 연인처럼 편하게 대하면서 면접에 임하라. 상대방이 나를 선택할 권리가 있지만 바꿔 생각하면 나도 상대방을 선택할 권리가 있는 것이다. 그만큼 자신감을 갖고 면접에 임하라.

5. 나만의 이미지를 만든다.

많은 사람들이 남들에게 보이고 싶은 이미지로 주저 없이 '좋은 이미지', '호감 가는 이미지'라고 말한다. 그런데 막상 어떻게 하는 것이 그런 이미지를 만들어주는지는 구체적으로 말하지 못한다.

좋은 이미지 혹은 호감 가는 이미지란 결국 그 사람에게 가장 잘 맞는 자신만의 이미지여야 한다. 내가 생각하는 나의 모습이 아닌 타인들이 나를 보면서 느끼고 판단하는 것이 곧 나만의 이미지다.

사람들이 나의 어떤 모습에서 호감을 갖는지를 알고, 그것을 효과적으로 표현할 수 있도록 이미지 훈련을 쌓는다면 좋은 점수를 얻게 될 것이다.

6. 분명한 발음과 표준어를 사용한다.

면접관들은 그날 수많은 사람들과 대화하게 된다. 그러다 보니 짧은 시간에 한정된 질문으로 수험생들을 체크할 수밖에 없다. 질문의 유형이 비슷하듯 대답들도 크게 다르지 않다.

그렇다면 그 중에 어떤 수험생이 더 호의적인 점수를 얻을 수 있을까. 같은 내용의 대답을 하더라도 분명한 발음과 억양 그리고 정확하게 구사하는 표준어가 면접관들의 귀에 더 와 닿을 것이다.

마치 친구들과 이야기하는 듯한 경솔한 태도나 웅얼거리는 듯한 부정확한 발음, 인터넷 채팅을 하는 듯한 비문법적인 문장들은 결코 좋은 점수를 받을 수 없다.

6. 수험생의 마음이 아닌 면접관의 마음으로 면접에 임하라.

어떻게 하면 취업 면접에서 높은 점수를 딸 수 있을까. 해답은 간단하다. 내가 면접관이라면 어떤 수험생에게 점수를 줄 것인지 면접관의 마음으로 생각해보면 된다. 관점을 달리해보면 자신이 어떻게 행동하고 말해야 할지를 알게 된다.

그 사람의 이미지는 그의 현재와 미래를 보여준다. 자신이 도달하고자 하는 목표가 세워졌다면 먼저 그에 맞는 이미지부터 만들어야 한다. 현대는 이미지 경쟁 시대다. 국가든 기업이든 개인이든 이미지를 어떻게 관리하고 어필하느냐에 따라서 성공과 실패의 결과로 이어진다.

취업하려는 사람들은 외모의 변형을 통한 이미지 개선보다는 자기가 가진 외형적인 조건에서 좋은 인상을 가꾸어나가는 것이 좋다. 좋은 인상을 만들겠다고 성형수술을 했다가 오히려 부자연스러운 인상을 준다면 헛수고가 되기 때문이다.

교양서를 많이 읽고 좋은 품성을 만들어나가고 나와 주변 사람들에 대한 열정과 에너지를 잃지 않는다면, 성형으로 만들어진 인상보다 훨씬 좋은 점수를 받을 수 있을 것이다.

CHAPTER 27

호감을 끌어내는
직장인의 이미지 전략

한 사람의 이미지가 갖는 긍정적 혹은 부정적 느낌은 그 사람에게 고스란히 영향을 미친다. 사적이든 공적이든 우리가 누군가와 일을 도모하는 것은 결국 그 사람이 갖고 있는 이미지를 평가하는 일이며 그 이미지를 믿는 일이기 때문이다.

벤츠를 구매하는 사람들은 그 자동차를 구입하는 동시에 그 회사에서 추구하는 탄탄한 기술력과 명성도 함께 사는 것이다. 벤츠가 어제오늘 만들어진 신생 자동차 회사였다면 절대로 그만한 대가를 지불하지 않았을 것이다. 따라서 그만큼의 부가비용을 벤츠의 전통과 신뢰에 대한 이미지 가치로 지불하는 셈이다.

벤츠뿐이 아니다. 소비자들이 물건을 구매하면서 유명 상표나 명품에 고가의 대가를 지불하는 것은 그것이 주는 이미지의 가치가 그만큼은 된다는 것을 수용하는 것이다.

영화를 보더라도 자신이 평소 좋아하고 연기력을 믿는 영화배우가 출연한 영화는 별다른 의심 없이 보게 되고, 자신이 좋아하는 가수가 새 음반을 발표했다면 들어보지도 않고 구매를 하며, 유명화가의 작품이라면 얼마가 들든지 구매하고자 하는 욕구를 갖는다.

그것은 그 사람들이 갖고 있는 이미지에 대한 가치 때문이다. 이미지란 그런 것이다.

그러한 이미지는 개인을 판단하는 데 중요한 기준이 된다.

"이번 프로젝트는 저 사람을 제외시키고 추진했으면 좋겠어. 저 사람은 일에 대한 추진력이 떨어져."

"이번 기획에 꼭 저 사람의 조언을 들어보기로 하지. 저 사람은 아이디어맨이야. 머리에 무궁무진한 아이디어가 들어차 있다니까."

그렇다면 직장 내에서의 당신의 이미지는 어떠한가? 결국 오늘 이 순간 당신이 보여주고 있는 당신의 이미지가 어떻게 고객 또는 동료에게 보여지느냐에 따라 당신의 미래가 결정된다고 볼 수 있다.

물론 누구나 자신이 다니는 직장에서 동료, 상사, 부하직원 혹은 고객 등으로부터 자신의 능력을 인정받고 싶을 것이다. 막연히 모두에게 친절하면 될 거라고 생각하기 쉽지만 결코 그렇지 않다.

친절한 사람이 곧 좋은 이미지를 주는 것은 아니다. 직장 내에서 좋은 이미지로 보인다는 것은 그 사람의 그때까지의 모든 역량이면서도 그 어떤 요소를 담고 있다.

그런 점에서 자신의 이미지를 적극적으로 만들어가려는 노력이 필요하다. 이미지 디자인 하면 흔히 옷, 헤어스타일 등 외모의 변화를 연상하게 된다. 하지만 원래의 이미지 디자인이란 외면과 내면의 이미지를 총체적으로 이른다.

쉽게 말해 나만의 진가를 가장 나답게 세련된 방법으로 상대방에게 연출하는 것이라 할 수 있다. 가령 나는 상대방에게 늘 호의로 대하는데 상대방이 이를 곡해한다면 자신의 전달 방식이나 표정이 잘못된 것이라고 할 수 있다. 내가 상대에게 전달하려고 한 의미를 말이나 태도, 옷차림 등을 통하여 정확하게 전달했을 때 이미지 전략이 성공을 하는 것이다.

그렇다면 개인의 이미지 관리는 어떻게 해야 할까. 어떻게 하는 것이 직장 내에서 좋은 이미지를 유지하게 만들 것인가.

1. 시대의 흐름을 잘 읽어야 한다.

21세기는 변화의 시대이다. 일 년이 다르고 한 달이 다르고 하루가 다르게 변화한다. 그 변화를 빠르게 감지하고 그에 맞는 감각을 키워나가는 건 중요하다.

패션, 사고, 언어, 사회문화적인 특성 등 모든 것이 시대의 변화에 즉각적으로 반응한다. 개인의 이미지 관리도 시대의 변화와 흐름에 따라가야 한다. 21세기의 화두는 감성 중심의 리더십, 타인과 공감하며 어울릴 줄 아는 조화, 부드러움과 유머감각, 유연성과 다양성 등이다.

부드럽고 호감 가는 태도와 분위기, 그때그때 상황에 맞는 유머감각, 다방면의 사람들과 융화하면서 협의를 이끌어갈 수 있는 여유와 화합의 정신을 갖추게 되면 어디에서든 환영받게 된다.

2. 자신이 맡고 있는 일에 철저하게 자신을 맞춘다.

직장은 개인의 특성을 그대로 노출시키고 묵인 받을 수 있는 곳이 아니다. 비서실에서 일하면서 '나처럼 예쁜 여자가 왜 사람들에게 설설 기어야 해?' 하면서 이상한 자존심을 내세운다면? 은행의 입출금 부서에 앉아 있으면서 뚱한 표정으로 고객을 대하면서 "난 원래 내성적이고 낯을 가리는 성격이라서……." 라고 말한다면 그 사람은 자신의 이미지만 깎아먹는 게 아니라 그 은행 전체의 이미지마저 훼손시키는 셈이 된다. 자신이 고객을 직접 응대하는 창구에 있다면 누구보다도 짧은 시간에 고객과 가까워질 수 있는 친화력을 가진 이미지가 필요하고 뛰어난 설득력도 필요하다.

또한 리더의 위치에 있는 사람이라면 부하직원들이 열정적으로 일할 수 있는 분위기를 만들 수 있는 에너지와 인간적인 매력을 지녀야한다. 그리고 훌륭한 상담자, 코치의 이미지도 겸비해야 한다.

3. 자신의 이미지는 자신이 속한 직업적인 이미지를 반영해야 한다.

개인의 이미지는 그 개인이 속한 회사나 직종에 맞아떨어지는 이미지를 갖추고 있어야 한다. 그 사람에게 잘 맞는 이미지란 결국 그사람이 무엇을 하는지를 잘 표현하고 있는 이미지 양식이다.

선생님은 선생님다우며 목사는 목사다우며 사장님은 사장님다워야 한다. 만약에 사장이 경비원답고 말단직원이 회사의 대표답다면 그것은 실패한 이미지다. 그러므로 자신의 직업적 특성에 맞는 사고와 태도, 행동, 몸가짐을 유지하는 것이 그에게 가장 잘 맞는 이미지다.

4. 자신의 이미지를 적극적으로 상대에게 인식시킨다.

고객에게든 상사에게든 명확하게 자신을 인식시킬 수 있는 사람이 성공한다. 시간이 저절로 해결해줄 거라는 생각으로 소극적으로 있다가는 영영 그 기회를 놓치게 된다. 게다가 다른 사람들은 당신이 우물쭈물하고 있는 사이에 치열하고 적극적으로 자신들을 어필하고 있다는 사실을 알아야 한다.

당신에게 장점이 있으면 가능한 그것을 발휘할 기회를 찾아내서 상대에게 알리고, 직접적인 기회가 어렵다면 제삼자를 활용해서라도 나를 알려야 한다. 조용히 자신의 일에만 열중하면 알아주던 시대는 지났다. 그러는 사이 당신 자리는 어느새 없어지게 될지 모른다.

5. 자신을 그 상황에 맞추어 디자인한다.

주변에서 보면 자신의 일과 관련한 자기 이미지를 전혀 고려하지 않고 행동하는 사람들이 많다. 그야말로 "난 원래 이렇게 타고난 사람이니 당신이 알아서 봐주시길." 하는 식이다.

이는 나태하고 안이한 자기관리다. 나는 원래 그러니 타고난 대로 살 거고, 알아서 봐달라고 하는 것은 요즘 시대에 누구에게도 먹히지 않는다.

요즘같이 치열한 경쟁사회에 살면서 성공은 바라되 노력은 하지 않는 것은, 가수가 노래 대신 립싱크만 하면서 "난 원래 노래 대신 춤으로 승부해요." 한다거나 연기자가 "난 원래 내성적이라서 뻔뻔하게 연기를 잘 하지 못하겠어요." 하는 것과 같다. 아니면 가난한 집 딸로 나오는 여주인공이 잘 보이려고 명품만 걸치는 것과 같다.

연기자들만 배역이 있는 게 아니다. 우리는 살면서 그 상황에 맞는 역할과 배역이 필요하다. 고객에게, 상사에게, 동료에게 그리고 무언가를 부탁할 때, 지시를 내릴 때, 협상을 할 때 등등 일의 성격과 그 상대에게 맞는 맞춤 연기가 필요하다.

사람은 누구나 상대방에게 자신의 이미지가 긍정적이고 멋지게 전달되기 바란다. 그러기 위해선 앞에서 말한 부분들을 점검해볼 필요가 있다. 그리고 무엇보다도 자신이 어떤 사람인가를 스스로 먼저 알 필요가 있다.

그 다음으로 자신이 생각하는 주관적 자아와 남이 판단하는 객관적 자아의 차이를 좁혀야 한다. 끝으로 자신의 역할과 신분에 잘 어울리는 이미지를 만들어나간다면 분명히 당신은 인정받는 직장인이 될 것이다.

CHAPTER 28

긍정적 전략은
나를 최고의 상품으로 만든다

엄앵란 씨는 우리나라 영화사에 한 획을 그었다 할 정도로 엄청난 양의 영화에 출연했다. 〈청실홍실〉(1957), 〈동심초〉(1959), 〈10대의 반항〉(1959) 등 그녀가 찍은 영화는 160여 편이나 된다.

그런 왕성한 활동 덕분에 상도 많이 탔다. 대표적으로는 1963년 제1회 청룡영화상 인기상, 1964년 제2회 청룡영화상 인기상, 1965년 제3회 청룡영화상 여우주연상 등을 수상했다. 또한 《뜨거운 가슴에 좌절이란 없다》(1997), 《그래도 세상은 살 만하다(1998)》 등의 책도 출간하였다. 그리고 황혼기의 나이인 최근까지도 방송과 강의로 바쁜 나날을 보내고 있다.

왕년의 영화배우에서 현재는 잘 나가는 방송인으로 변신한 그녀의 인생 역전 스토리는 사실 흔한 게 아니다. 특히 다른 사람들의 인생을 상담할 정도의 전문성을 갖추지 않았으면서도 언젠가부터 그녀는 부부관계 또는 인생살이의 카운슬러로도 자리를 잡았다.

그렇다고 그녀가 남들의 귀감이 될 만한 가정을 이룬 것도 아니고 자녀교육에 탁월한 비책을 내놓은 것도 아니었다. 그러나 그녀는 배우로서의 활동이 어려운 나이나 외모의 핸디캡을 극복하고 오히려 훨씬 더 성공적인 커리어를 쌓고 있다. 한때 우리나라 영화사에서 예쁜 것으로 승부하던 여배우가 이제는 아침 방송에 척하니 자리를 차지하고 앉아서 일갈호령하며 시청자들의 눈과 귀를 사로잡고 있는 것이다.

어떤 때에는 그녀의 호령에 함께 눈을 부라리기도 하고 어떤 때에는 그녀가 애절하게 읊어대는 충고들에 함께 눈물을 짓기도 한다. 그녀의 그런 역할이 전문성이 결여되어 있든 다분히 개인의 경험에 의존한 성차별적인 발언을 일삼든 분명한 것은 그녀가 그 방면에서 인정을 받고 있다는 것이다.

또한 많은 아줌마 부대를 이끌고 있는 파워와 자신의 발언을 끈질기게 이끌어가는 장악력은 분명히 그녀만의 파워를 느끼게 한다. 그녀의 그런 성공에는 젊은 시절부터의 비즈니스 마인드가 작용되었다고 볼 수 있다.

그녀는 누구보다도 자기 자신이 시대의 변화에 따라 달라질 수밖에 없음을 재빨리 알아차린 노련한 여배우였다. 그래서 그녀는 자신에게서 상품화할 수 있는 가장 가치 있는 것들을 확장시켜 온 것이다. 그것은 아침 방송의 주 시청자 층인 주부들의 구미에 딱 맞아떨어지는 컨셉트였다.

그녀의 그런 승부사적인 기질은 이미 오래전 여배우의 길로 들어설 때부터 찾아볼 수 있다.

그녀는 한 인터뷰에서 이렇게 말했다.

"내 인생은 전적으로 내 스스로 만들었다고 생각합니다. 살기 위한 안간힘에서 배우가 된 것입니다. 결혼 40년 동안 망할 때도 있고 흥할 때도 있었지만, 그 순간순간 마치 등나무가 잘렸을 때 재생하기 위해 안간힘을 써서 올라가는 것처럼 그렇게 내 생애를 만들어나갔지요. 살기 위해서, 생존을 위해서였습니다."

이 말은 한때 최고의 명성을 날렸던 여배우로서는 고백하기 힘든 뼈아픈 이야기인지도 모른다. 그러나 그녀는 늘 그렇게 솔직하다. 그녀는 자신을 감추지 않았고, 자신의 장단점을 적절하게 활용할 줄 알았다.

자기 인생을 스스로 만들어왔기에 그녀는 매번 앞에 놓인 산들을 넘을 수 있었다고 생각한다. 그녀는 자신이 영화배우가 되는 과정부터 이미 자신을 상품화시키려는 고도의 전략이 작용했다고 말한 바 있다.

"19살 대학교 1학년 때 영화배우로 데뷔했어요. 6·25 피난생활 후 가난하던 시절이라 1학기는 마쳤는데 2학기 등록금이 없었습니다. 공부는 하고 싶고, 그래서 어머니와 친분이 있던 전창근 감독님이 영화 〈단종애사〉를 제작하면서 만든 사무실에 취직하러 갔었지요. 그런데 처음 갔던 날 대뜸 감독님이 '너 배우 할래?' 하서셔 단종비 역할로 데뷔하게 된 것입니다."

물론 그 당시의 시대 상황과도 잘 맞아떨어졌기 때문에 배우로서 성공한 면도 있다. 그녀는 그때의 영화 출연을 계기로 여러 가지 면에서 영화배우란 직업이 자신의 현실에 더 많은 풍요를 줄 수 있으리라는 걸 알았다.

그녀는 자신의 본래 꿈이었던 교사의 길을 접기로 마음먹었다. 그러나 배우가 되기에 그녀의 조건은 만족할 만하지 못했다. 종아리는 굵었고 엉덩이는 처졌고 얼굴에는 모반성 색소 이상으로 검은 점이 눈가에 퍼져 있었다.

그때 그녀는 자신을 어떻게 하면 배우답게 만들 수 있을까를 고민했다. 배우로서의 상품 가치가 떨어지면 성공할 수 없다는 걸 그녀는 이미 알고 있었다.

그래서 그녀는 치밀하게 전략을 세워 자신의 외모의 결함을 축소시켰다. 얼굴의 점은 머리카락을 최대한 이용해 가렸으며, 다른 배우들에 비해 떨어지는 외모는 개런티의 삼분의 일을 들여 옷과 장신구에 투자함으로써 극복했다. 그리고 어깨너머로 조명 공부를 해서 자신의 얼굴이 좀 더 예쁘게 나올 수 있도록 노력했다.

그것으로 그녀의 전략이 끝났다면 그 시대의 엄앵란은 탄생하지 않았을지 모른다. 거기서 나아가 그녀는 외모의 부족함을 마음씨로 승부하기로 결심했다. 자기가 가진 내면의 아름다움과 매력을 보여준다면 좋은 점수를 얻을 수 있을 거라고 생각했던 것이다.

그리하여 당시의 영화 여주인공들이 오만함을 유지하며 공주처럼 행동할 때 그녀는 스스로를 낮추었다. 그녀는 우선 힘들게 일하는 스태프들을 즐겁게 만들어주기로 했다.

그리하여 항상 먹을거리를 잔뜩 사 들고 가고, 다른 여배우들이 여왕처럼 도도하게 앉아 있을 때 그녀는 격의 없이 스태프들과 어울리며 분위기를 띄웠다. 그러다 보니 촬영장 분위기는 화기애애해졌고, 모든 사람들이 엄앵란이라는 여배우를 좋아하게 되었다.

그리고 영화 시나리오가 나오면 어느 스태프든지 함께 일하고 싶은 배우로 엄앵란을 지명하게 되었다. 당연히 좋은 시나리오들이 그녀에게 쏟아졌다. 그렇게 해서 그녀는 당대 최고의 여배우로 명성을 얻었고, 마침내 당대 최고의 남자배우였던 신성일과 결혼까지 하게 되었다.

그녀의 말대로 그녀가 스스로를 전략적으로 이미지 디자인 하지 않았더라면, 그녀는 예쁜 여배우들에게 밀려 그렇게 많은 영화의 여주인공이 될 수 없었을지 모른다. 그러나 그녀의 전략은 성공했고 그녀의 이름은 우리나라 영화사에 한 획을 긋고 있다.

신성일과 결혼한 이후 그녀는 남편이 정치에 뛰어들면서 그때까지 모은 재산을 탕진하게 되었다. 그러나 이때에도 그녀 특유의 오뚝이 정신이 발동하였다. 한때 국내 최고의 스타 부부였던 그들이었다. 그러나 그녀는 소매를 걷어붙이고 식당을 열었다.

"먹고살기 위해 대구에서 식당을 개업했습니다. 살아남아야 했고, 불편한 것은 무엇보다 싫었으니까요. 죽는 것보다는 차라리 일하는 것이 낫다고 생각했습니다. 18년 동안 매일 아침 7시에 장보기부터 밤 10시 전표 정리까지 열심히 일했지요. 59살까지 그렇게 살았어요. 계모임도, 친구도, 동창회도 없었습니다. 그렇게 열심히 하니까 식당이 하나 더 생기더군요. 경제적으로도 다시 안정을 되찾을 수 있었습니다."

그녀는 그렇게 영화배우에서 평범한 식당 아줌마로 살면서 가정을 위기로부터 지켜낼 수 있었다. 그때가 그녀의 나이 58세였다. 보통 사람들 같았으면 이제 더 이상의 인생 목표는 새로 설정하지 않을 나이였다. 그러나 그녀는 경제 위기에서 벗어나자 새로운 목표를 갖기 시작했고, 그 꿈을 이루기 위해 또다시 전략을 세웠다.

"어느 날 텔레비전을 보다가 출연하고 싶다는 생각이 들었습니다. 그런데 그때 나이가 58살이었어요. 제가 생각해도 스스로 얼마나 강한 사람인가 싶습니다. 다른 사람은 저를 칭찬하지 않아도 제 스스로는 저를 칭찬합니다.

방송국 사람들한테 스스로를 알려야 할 텐데 좋은 방법이 없을까 궁리하다가 100만 원을 5만 원씩 담은 봉투 20개로 만들어 그걸 하나씩 가지고 방송국 사람들의 결혼식, 출판기념회 같은 경조사에 참석했습니다. 그 20개가 다 없어질 때까지 아무 섭외가 들어오지 않으면 포기하리라 마음먹었지요. 그런데 17개가 없어졌는데 아무 섭외도 들어오지 않는 거예요. '내가 미쳤지, 이 나이에 누가 나를 불러주랴.' 하는 생각에 스스로가 너무 얄밉고 원망스러웠습니다.

그런데 어느 날 처음으로 라디오 섭외가 들어왔어요. 방송 시간 1시간 전부터 나가 기다렸지요. 배우 하던 시절에는 어림도 없는 일이 있어요. 자존심도 상하고 창피하기도 했지만 최선을 다했습니다. 그후 라디오나 TV 섭외가 연이어 들어왔습니다."

그렇게 해서 그녀는 잇달아 방송 출연, 잡지 인터뷰, 강의 등등으로 유명세에 시달리기 시작했다. 자신을 상품화시키겠다는 그녀의 전략은 또다시 성공한 것이다.

그녀는 자신이 주부들에게 열광적인 호평을 받는 이유를 그녀의 다양한 경험 때문이라고 말한다. 170편이 넘는 영화를 찍으면서 공주에서 거지까지 안 해본 역할이 없고, 그러면서 간접적인 경험을 두루 해본 덕분이라는 것이다. 그리고 무엇보다 그녀는 우리나라의 격동기를 지나면서 일제시대, 해방, 6·25, 4·19 등 굵직굵직한 역사적 사건들을 겪었고, 그러면서 인생에 대한 깊은 이해와 성찰이 생겼다는 것이다.

그리하여 그녀는 인생의 중요한 고비마다 자신이 가진 것들을 상품화함으로써 성공에 이르게 하였다. 평범하게 살다 갈 뻔한 한 여자의 인생이 그녀 스스로의 이미지 전략화에 따라 백팔십도 바뀐 것이다. 그녀가 오늘날 또 다른 이미지로 방송을 종횡무진하면서 대접받고 있는 것은 그러한 내공이 쌓여 있었기 때문일 것이다.

이처럼 이미지란 그 사람이 가진 최고의 상품적 가치를 지닌다. 그 말은 바꿔 말하면 나쁜 이미지란 거래와 관계 자체를 망가뜨릴 수도 있다는 것이 된다.

CHAPTER 29

내가 말을 만들고
말이 나를 만든다

"함부로 말하는 사람의 말은 비수 같아도, 지혜로운 사람의 말은 아픈 곳을 낫게 하는 약이다."

"말을 조심하는 사람은 자신의 생명을 보존하지만, 입을 함부로 여는 사람은 자신을 파멸시킨다."

이 말은 성경에 나오는 말에 관한 경계의 구절들이다.

말을 한다는 것은 인간을 가장 인간답게 하는 것인 동시에 그것으로 인해 인간관계의 파멸을 초래하기도 한다. 말은 자신과 주변을 웃기기도 하고 울리기도 하며, 상처를 주기도 하고 용기를 주기도 한다.

세상에 정치, 경제, 사회 전반에 걸쳐 영향을 미쳤거나 오래 회자되는 사람들 또한 말의 힘을 빌린 사람들이었으며, 자신이 쌓아왔던

업적을 한순간에 몰락시킬 수 있는 것도 말의 힘이었다.

말은 부정적인 영향을 미치는 이상으로 때론 놀라운 기적과 결과를 만들어준다. 위기에 봉착했을 때 어떠한 말들은 그 위기를 해결하게 해준다.

높은 이상과 훌륭한 정신을 담고 있는 말들은 언제나 그 시대의 좌표가 되었고 선도적 역할을 하였다. 예를 들어 마틴 루터 킹 목사의 이러한 연설은 흑인들의 지각만 일깨운 것이 아니라, 인종차별 문제에 무책임한 방관으로 일삼았던 세계의 지성인들에게 경종을 울려주었다.

…… 나에게는 꿈이 있습니다. 내 아이들이 피부색을 기준으로 사람을 평가하지 않고, 인격을 기준으로 사람을 평가하는 나라에서 살게 되는 꿈입니다. 지금 나에게는 꿈이 있습니다!

나에게는 꿈이 있습니다. 지금은 지독한 인종차별주의자들과 주지사가 간섭이니 무효니 하는 말을 떠벌리고 있는 앨라배마 주에서, 흑인 어린이들이 백인 어린이들과 형제자매처럼 손을 마주 잡을 수 있는 날이 올 것이라는 꿈입니다.

지금 나에게는 꿈이 있습니다! 골짜기마다 돋우어지고 산마다, 작은 산마다 낮아지며 고르지 않은 곳이 평탄케 되며 험한 곳이 평지가 될 것이요, 주님의 영광이 나타나고 모든 육체가 그것을 함께 보게 될 날이 있을 것이라는 꿈입니다.

이것은 우리 모두의 희망입니다. 저는 이런 희망을 가지고 남부로 돌아갈 것입니다. 이런 희망이 있다면 우리는 절망의 산을 토막 내어 희망의 이정표를 만들 수 있습니다. 이런 희망이 있다면 우리는 나라 안에서 들리는 시끄러운 불협화음을 아름다운 형제애의 교향곡으로 바꿀 수 있습니다. 이런 희망이 있다면, 언젠가는 자유를 얻을 수 있다는 확신이 있다면, 우리는 함께 행동하고 함께 기도하고 함께 투쟁하고 함께 감옥에 가고 함께 자유를 위해서 싸울 수 있습니다……. 미국이 위대한 국가가 되려면 우리의 꿈은 반드시 실현되어야 합니다.

이 말의 신념은 정말 그의 말대로 모든 흑인들에게 자유라는 선물을 안겨주었다.

이처럼 우리는 우리가 바라고 희망하는 대로 말을 해야 한다. 자신의 삶을 개선하고 더 나은 인생의 목표를 이루기 위해서는 더욱더 말을 신중하게 선택해서 사용해야 한다.

언어학자들은 자신이 사용하는 언어에 따라서 문화적 특성이 형성된다고 밝히고 있다. 그만큼 말이 우리의 신념을 형성하고 행동에 영향을 끼친다는 사실이다.

따라서 자신의 삶이 발전하고 긍정적으로 변하기를 바랄수록 긍정적인 말을 많이 해야 한다. 말을 반복하다 보면 그 말이 바로 그 사람의 운명을 만들어줌을 알 수 있다.

평강공주가 바보온달을 훌륭한 장군으로 만든 것도 "당신은 바보가 아닙니다. 위대한 장군이 될 수 있습니다."라고 한 긍정적인 말의 힘이었다.

바보온달은 이 말을 반복해 들으면서 자신의 잠재의식 속에서 공주가 한 말에 대한 믿음을 키워갈 수 있었던 것이다. 만약에 평강공주가 온달에게 "장군은 아무나 되는 게 아닙니다. 그냥 평범하게 살아갑시다."라고 했다면 온달은 평생 바보온달로 살아가게 되었을 것이다.

그만큼 말의 힘은 위대하다. 특히 칭찬이나 격려의 말은 자부심과 긍지를 갖게 하고, 그런 마음이 스스로를 성장시키는 촉매제가 된다.

"그건 안 될 거야. 잘될 리가 없어." 하는 부정적인 말은 곧 자기에게 마이너스 암시를 주어 실패의 결과를 낳게 한다. 그리고 "반드시 잘될 수 있어. 나는 확신한다."라고 하면 그것이 자신에게 플러스 암시로 작용해서 성공이란 결과로 이어지게 된다.

일본의 물 연구가인 에모토 마사루가 물을 가지고 말의 힘이 어떤 영향을 미치는지를 실험한 결과를 살펴보면 놀랍고 경이롭기까지 하다.

그는 각각의 컵에 물을 넣고 그 컵에다 각각 '사랑', '감사', '바보', '망할 놈' 등등의 서로 다른 단어를 써서 붙여놓았다. 그리고 냉장고에 넣어 두었다가 다시 꺼내 보았을 때 나타난 결과는 놀라운 것이었다.

좋은 뜻이 담긴 긍정적인 단어를 붙여놓은 컵의 물은 꽃이 활짝 핀 모습의 물의 최적의 상태인 육각수의 결정을 보여주었으나, 부정적인 뜻의 단어를 붙여 놓은 물은 물의 결정이 매우 흉하게 일그러져 있었다.

물조차도 좋고 나쁜 말에 민감한 반응을 보인다는 걸 알 수 있다. 하물며 사람들에겐 어떠랴. 더욱이 물이 몸의 70% 내외를 차지하는 사람들에게 말이 미치는 영향이 얼마나 지대할지 충분히 짐작해볼 수 있다.

말은 마음의 표현이다. 어떤 말을 듣고 어떤 말을 하며 살아가느 냐에 따라서 우리 몸의 반응도 달라지고 성질도 변한다는 걸 알아야 한다.

그 변화는 바로 몸에 나타난다. 긍정적인 말을 하면 그 진동음이 물질을 좋은 성질로 바꾸어 건강한 몸이 된다. 부정적인 말을 하면 신체의 모든 것을 파괴하게 된다. "죽어라."라는 말만 사람을 해치는 게 아니다.

부정적인 말이나 부정적인 의미의 말들이 모이다 보면 몸의 에너 지도 부정적으로 변하면서 몸과 마음에 나쁜 영향을 미친다. 즉, 어 떤 말을 들려주는가에 따라서 내 몸을 살리기도 죽이기도 할 수 있음 을 알아야 한다.

그러므로 자신의 삶을 보다 윤택하고 성공적으로 이끌려면 긍정적 인 말을 많이 해야 한다. 그리고 다른 사람들에게도 부정적인 말보다 는 긍정적인 말을 하기 위해 노력해야 한다.

"난 안 돼. 할 수 없어."

"당신은 할 수 없습니다."

이런 말들은 나에게나 주위 사람들에게나 좌절과 포기의 암시를 준다. 일을 하다가도 '과연 될까?' 하는 불안함을 떨쳐버리지 못하게 되고, 결국 실패로 돌아가더라도 '이럴 줄 알았어.' 하는 자포자기로 이어진다. 반면에 긍정의 말들은 어떨까.

"난 할 수 있어. 나에게는 충분한 능력이 있어."

"당신에게는 충분한 힘과 능력이 있습니다. 할 수 있습니다."

이런 말들은 자신에게 힘과 도전의식을 자극하게 되고 중도에 간혹 막히게 되더라도 '이 정도의 역경은 극복할 수 있어.' 하면서 마침내는 성공에 이르게 한다.

성공은 그렇게 긍정적인 말의 패턴을 좋아한다. 성공은 좌절, 포기, 실망, 원망 등등 이런 식의 부정적인 나약한 인간 정신을 가장 경계하고 혐오한다. 따라서 자신의 삶을 성공적으로 이끌고 싶으면 지금 당장 사용하고 있는 말의 패턴부터 바꾸어라.

그런 점에서 마크 트웨인의 이 말이야말로 깊이 새겨둘 만하다.

"적절한 말이야말로 놀라운 힘을 갖고 있다. 최상의 적절한 말을 문득 생각해낼 때마다 우리는 마치 감전된 듯한 자극을 받아, 정신뿐만 아니라 육체도 강렬한 힘을 얻는다."

CHAPTER 30

백점짜리
이미지 만들기

우리가 아무리 좋은 이미지를 보이고 싶어도 바꿀 수 있는 것과 바꿀 수 없는 게 있다. 그러나 좋은 이미지란 결국 그 사람의 인상과 내적 이미지라고 볼 때, 우리는 얼마든지 노력을 통해서 좋은 이미지를 만들 수 있다.

호감 가는 이미지를 갖는다는 것은 왜 중요한가. 좋은 이미지는 그만큼 믿음과 신뢰를 주어 사회적 성공을 가져다주고 대인관계에 유리하게 작용하도록 한다. 그리고 그것은 결국 나의 행복지수를 올려주는 요소가 된다. 우리는 타인과의 관계 속에서 일을 도모하고 인정받음으로써 보다 더 빨리 우리가 원하는 목표에 도달할 수 있게 된다.

우리는 관계 속에서 산다. 따라서 내가 다른 사람들을 평가하고 이미지 분석을 통해 그 사람의 가치를 매기듯이, 다른 사람 역시 같은 방법으로 나에 대한 가치를 알아보고 있는 것이다.

좋은 이미지를 유지하는 데 성공한다면 우리는 보다 더 빨리 원하는 목표에 도달하게 된다. 이미지의 레벨이 높을수록 일의 성취율이 높아지기 때문이다. 그렇다면 어떻게 하는 것이 좋은 이미지를 만드는 걸까. 백점짜리 이미지 만들기에 도전해보자.

1. 미소를 생활화한다.

미소는 타인에게 말보다 더 큰 긍정의 효과를 가장 빠르게 전달한다. 미소야말로 긍정적인 커뮤니케이션의 시작이다. 그러나 억지 미소는 타인에게 경계심과 불쾌감만 줄 뿐이다.

2. 상대방의 긍정적인 면을 찾아 칭찬해준다.

어떤 사람이든지 장점은 다 가지고 있다. 진심과 애정을 담고 상대를 관찰하면 상대가 모르는 장점까지 발견할 수 있다. 상대의 긍정적인 면을 찾아 칭찬해준다면 상대는 이미 당신의 친구가 된다.

3. 꾸준한 운동을 통해 심신의 건강을 유지한다.

몸의 허약함을 무기로 성사되는 일은 없다. 타인에게 신뢰를 주는 것 중의 하나는 몸과 마음이 건강하다는 것을 보여주는 데 있다. 특히 마음이 건강하고 밝은 시각을 가진 사람에게는 누구든지 호의를 갖게 된다.

4. 취미를 하나 이상 갖는다.

취미생활은 타인과의 유대감을 강하게 하고 대화를 풍부하게 한다. 무미건조한 사람은 어디에서도 환영받지 못한다. 하나 이상의 취미를 갖고 있으며, 그 취미에 대해 풍부한 상식을 익히고 있다면 어디에서도 순조로운 대화를 이끌어갈 수 있다.

5. 좋은 인상을 위해 마음부터 다스린다.

마흔이 넘으면 자신의 인상에 책임을 져야 한다는 말도 있다. 얼굴이 잘나고 못나고를 떠나서 그 사람의 마음은 얼굴 표정에 고스란히 드러난다. 특히 탐욕과 불만, 시기, 사악함, 욕망 등등의 집착은 얼굴에 그대로 담겨서 나쁜 인상을 만든다. 따라서 좋은 인상을 갖고 싶다면 내 마음의 욕심과 이기심부터 덜어내야 한다. 오랜 심신의 수양으로 단련된 사람들의 눈매는 왜 그토록 선하게 보이는지를 생각해보면 더 잘 알 수 있다.

6. 음성에도 이미지가 있다.

목소리는 그 사람의 건강 상태와 심리 상태를 그대로 드러낸다. 아무리 감추려고 해도 수 분 만에 그 사람의 상태를 알 수 있다.

좋은 목소리란 여러 가지를 포함한다. 목소리의 톤이 너무 경박하지 않으면서 어둡지도 않고 발음은 정확해야 한다. 그리고 말할 때의 자세도 바르게 유지해야 한다. 좋은 음성은 그 사람이 하고자 하는 말의 내용을 더 설득력 있게 상대에게 전달해주고 좋은 이미지로 기억시킨다.

7. 튀는 외모가 아닌 신뢰받는 외모를 유지한다.

그 사람의 옷, 화장, 액세서리, 소품 등은 곧 그 사람의 외적 이미지가 된다. 주변과의 조화나 다른 사람의 시선을 의식하지 않고 유행이나 개성에 민감하다면 그 사람의 능력과는 별개로 마이너스로 작용하게 된다. 무엇보다도 자신이 하는 일의 성격과 맞는 외모를 유지하려는 노력이 필요하다.

8. 예의와 매너를 지킨다.

어느 상황에서든 예의와 매너를 지킬 줄 아는 사람은 누구에게나 신뢰를 얻는다. 그러나 간혹 비즈니스를 하다가도 친분이 쌓이는 경우가 있다. 그렇다고 해서 "우리 사이에 뭐……." 하면서 예의에서 벗어나는 행동을 하게 된다면 그동안의 관계도 망칠 수 있다. 예의와 매너는 단 한순간도 집에 두고 나오면 안 된다.

9. 감정을 다스릴 줄 알아야 한다.

인간은 희로애락의 동물이다. 그러다 보니 때론 희로애락의 감정을 다스릴 줄 몰라 상대에게 그대로 드러내게 되고, 그것은 결국 자신의 이미지를 훼손시키게 된다. 특히 분노에 대한 감정은 일을 하는데 있어서 그대로 폭발시키다간 화를 초래한다. 그러나 일을 하다 보면 분노나 실망 등의 감정에 빠질 수 있다. 평상시에 자신의 감정을 잘 다스리고 인내하는 습관을 키워나가 한순간에 '욱' 하는 실수를 만들지 말아야 한다.

10. 이미지를 통일하라

PI는 말 그대로 자신의 이미지를 하나로 통일시켜서 명확하게 하는 것이다. '무엇' 하면 그 사람이 떠오르고, 그 사람의 이름을 들으면 '무엇'을 떠오르게 하는 전략이다. 그렇게 하기 위해서는 자신이 내세울 수 있는 모든 것을 하나의 이미지에 연결시키고 일관성을 갖추어야 한다. 의상의 컨셉트, 명함의 디자인, 대화의 방식, 지식과 상식의 영역 등 모든 것을 하나의 주제로 연결시켜 자신을 특화시키는 것이다.

좋은 이미지란 적극적이며 꾸준한 노력을 통해서 만들어지는 것이다. 그러려면 먼저 자신의 생각과 마음으로부터의 변화가 선행되어야 한다.

단순히 외모만 바꾸는 것은 전문가의 도움을 받아 머리에서 발끝까지 바꿔주기만 하면 된다. 그러나 의식이 바뀌지 않는 변화란 영구적이지 않다. 그러므로 나의 내적 이미지를 먼저 개선하기 위해서 좋은 생각들과 다양한 독서, 폭넓은 인간관계의 함양을 먼저 시도해야할 것이다. 그리고 그런 내적인 변화와 인식을 통해서 나의 외적인이미지와 조화를 이루어나간다면, 어느새 당신은 100점짜리 성공 이미지를 가지고 있을 것이다.

PART 04

직장인들을 위한,
YES를 부르는 이미지
NO를 부르는 이미지

희·망·학·교

CHAPTER 31

자신감을 부르는
9가지 방법

좋은 이미지를 주는 데 있어서 자신감은 매우 중요한 요소이다. 모든 성공한 사람들의 특징은 실패하지 않았다는 데 있는 것이 아니라 자신감을 잃지 않았다는 데 있는 것이다.

그들은 몇 번의 실패를 경험하면서도 좌절하지 않았다. 또 시작하면 된다는 자신감도 있었다. 그리고 결국 그들은 자신들의 신념대로 성공에 도달할 수 있었다.

한 취업포탈 사이트의 통계를 보면 서류전형 후 면접에서 실패한 구직자들 중에서 무려 60% 이상이 자신들의 주된 탈락 이유로 '자신감 부족'을 꼽았다고 한다. 그만큼 자신감의 결여는 중요한 실패 요인으로 작용함을 알 수 있다.

자신감은 타고나는 게 아니다. 자신감은 성공한 사람들의 전유물이 아니다. 성공했기 때문에 자신감을 갖는 게 아니다. 자신감을 잃지 않았기에 성공한 것이다. 그러니 실패를 두려워하지 말고, 자신감을 갖지 못하는 자신을 창피하게 여겨야 한다.

자신감은 얼마든지 자신의 의지로, 훈련을 통해 내 것으로 만들 수 있다. 자신감을 내 인생에서 최고의 무기로 삼겠다는 마음만 먹으면 이미 당신은 자신감의 절반을 얻은 것이나 다름없다.

다음은 자신감을 기르는 방법이다.

1. 나에게는 내 인생을 바꿀 잠재력이 있다고 믿는다.

자신감은 내가 나를 믿는 데서 시작한다. 내 인생의 리더는 나이며, 세상은 나를 중심으로 움직인다고 믿는다.

2. 내 마음이 열망하는 것은 이루어진다고 믿는다.

매일 아침 눈을 뜨면 하루를 시작하기 전에 자기가 원하는 것을 상상하며 그것을 이룰 수 있다고 자기암시를 한다. 그리고 자신의 믿음대로 이루어진다고 확신한다.

3. 어디에서든 뒤가 아닌 앞자리를 선호한다.

모든 환경의 '뒤' 는 소극적이고 방관자적인 입장을 갖게 한다. 뒤에서 서성거리는 한은 내 인생의 스포트라이트는 오지 않는다. 어디에서든 앞으로 나아가라.

4. 상대방과 눈을 맞추는 훈련을 한다.

눈과의 마주침은 제2의 대화이다. 눈과 눈을 마주침으로써 상대방과의 커뮤니케이션이 훨씬 부드럽게 이루어지고 나 또한 훨씬 자신 있는 대화를 이끌게 된다. 그러나 자신감 없는 사람이 상대방과 눈을 맞추기 위해선 많은 훈련과 반복이 필요하다.

5. 자세를 항상 바르고 꼿꼿하게 한다.

자신감이 없는 사람은 늘 자세도 엉거주춤하다. 왠지 모르게 위축되어 있고 고개를 숙이고 걸음도 당당하지 못하다. 자세가 바르지 못하면 오장에도 영향을 미치고, 오장의 원활하지 못한 흐름은 그 사람의 기질에까지 부정적인 영향을 미친다. 따라서 당당하고 바른 자세는 자신감의 표상이다.

6. 자신을 잘 알고 이해해주는 조언자를 찾아라.

때론 나보다 내 주위의 사람이 나를 더 잘 알 때가 있다. 그런 사람을 찾아 나에 대한 객관적인 평가와 장단점을 듣고 내 행동에 대하여 끊임없이 조언을 구하라.

7. 인생의 목표를 종이에 써서 보이는 곳에 둔다.

자신감의 결여는 불투명한 미래에 대한 불확실성과 함께 온다. 자신이 하고자 하는 바, 이루고자 하는 바를 구체적으로 적어서 잘 보이는 곳에 부쳐보라. 왜 자신감을 가져야만 하는지 확실한 이유를 찾게 된다.

8. 내 생각을 당당하게 표현한다.

자신감이 없는 사람은 자신의 생각을 드러내는 걸 주저하는 사람이지, 생각이 없는 사람이 아니다. 그러나 그 생각을 제대로 표현해보지 않아서 늘 뒤처지거나 타인에게 반영하지 못한다. 이번에는 이걸 꼭 말해야겠다는 작심 아래 하나씩 실천해보라.

9. 먼저 미소 지어라.

미소는 자신감에서 나온다. 누군가를 만나면 타인보다 먼저 미소로 인사하는 훈련을 한다. 먼저 웃는 사람이 상대의 마음을 먼저 열게 한다. 말로도 행동으로도 자신감을 보여줄 수 없다면 먼저 미소부터 지어보라.

CHAPTER 32

주목받는 직장인이 되는 화술 20가지

1. 칭찬을 품위 있게 받아들인다.

타인의 칭찬에 감사함을 갖되 경박하지 않은 태도는 또 다른 인격의 성숙함이다.

2. 대답하지 않아도 되는 권리가 있음을 잊지 않는다.

모든 대화에 반드시 대답을 해야 하는 것은 아니다. 때론 대답하지 않는 게 나은 질문도 있다는 걸 기억한다.

3. 나에게도 격려하고 용기를 주는 말을 사용하자.

때론 나 자신에 대한 칭찬과 격려의 말을 아끼지 말아야 할 때가 있다. 내가 주는 위로는 눈물과 함께 오는 가장 강한 영양제이다.

4. 두려워하지 말고 원하는 것을 요구하자.

양보와 겸양을 앞세워 소극적인 걸 미덕으로 삼다간 늘 양보하거나 희생하며 살아야 한다. 내가 무엇을 원하는지 정확하게 알고, 그것을 요구하는 태도가 중요하다.

5. 긍정적인 결과에 대해서만 말하라.

있지도 않은 이야기 혹은 '어쩌면'을 동반하는 쓸데없는 예측으로 화제를 삼지 않는다. 긍정적이고 발전적인 대화를 이끌어간다.

6. 모욕이나 상처 주는 말을 삼가라.

사람들은 말로 인해 상처를 주고 또 상처를 받는다. 모욕이나 상처 주는 말은 그것이 설혹 정당성을 지녔더라도 씻을 수 없는 상처를 주게 된다.

7. 상대의 부정에 일단 수긍하고 자신의 생각을 표현하라.

상대의 말이 설령 틀리다 하더라도 일단은 끝까지 듣고 수긍을 해준 다음에야 자신의 의견을 차근차근 피력한다. 중간에 가로채 반박하는 것은 올바른 대화 매너가 아니다.

8. 화가 났을 때는 일단 대화를 중단하고 감정을 통제하라.

화가 난 상태에서 계속 대화를 지속하다가는 걷잡을 수 없는 사태를 초래한다. 휴지기를 가진 다음에 대화를 이어간다.

9. 하고 싶은 말을 일단 글로 써보라.

생각이 아무리 좋고 많아도 논리정연하지 않으면 상대를 설득할 수 없다. 그럴 때에는 자신의 말을 글로 옮겨서 정리한 다음에 한다.

10. 단호한 의사 표현을 한다.

이래도 그만, 저래도 그만인 식의 어정쩡한 의사 표현은 상대에게 불신을 준다. 때론 좋고 싫음과 그 이유를 정확하게 표현하는 게 신뢰받는 이미지를 만든다.

11. 말을 해야 할 때와 침묵을 지켜야 할 때를 잘 파악하라.

말이 필요할 때 침묵을 해서도 안 되고, 침묵이 필요할 때 말을 하는 것도 감점이다. 두 가지를 시기적절하게 사용하기만 해도 화술의 반은 성공한다.

12. 말할 때도 들을 때도 생각해볼 시간을 가져라.

말을 할 때에도 생각이 필요하고 들을 때에도 생각이 필요하다. 따라서 대화에 있어서 여백의 시간도 중요하다. 말을 할 때와 들을 때 모두 한 호흡씩 쉬는 여유를 갖는다.

13. 가슴이 아니라 머리로 판단하라.

대화를 하다 보면 감정에 휩쓸려 충동적인 말을 하거나 실언을 하게 된다. 말을 하면서 감정적이지 않고 이성적인 판단에 의지해 대화를 한다.

14. 거절할 때엔 정중하면서도 단도직입적으로 거절의 뜻을 밝혀라.
거절도 대화의 한 방법이다. 상대방이 어떨까를 생각해서 거절의 뜻을 불확실하게 표현했다가는 또 다른 문제를 야기한다.

15. 최상의 설득은 적극적인 경청에서 시작한다.
좋은 대화법 중 하나는 상대의 이야기를 잘 들어주는 것이다. 상대방은 그것만으로도 좋은 대화를 했다고 기억하게 된다.

16. 들을 여유가 없다면 대화를 시도하지 마라.
대화는 거래처럼 이루어져선 안 된다. 대화에 임할 때 "시간이 없는데 본론만 말씀해주시죠."라고 할 것 같으면 애초에 시작하지 마라. 대화는 마음으로 들을 준비가 되어 있을 때 해야 한다.

17. 이야기할 때 대화 상대와 시선을 맞춰라.
대화를 하면서 산만하게 다른 일을 하거나 시선을 다른 데 두는 사람들이 있다. 그런 사람은 결국 상대방에게 불쾌한 인상을 심어주어 좋은 관계를 유지할 수 없게 된다.

18. 질문을 통해 관심과 흥미를 보여줘라.
질문도 좋은 대화법의 하나의 기술이다. 적절한 질문을 함으로써 내가 상대의 이야기를 잘 듣고 흥미를 갖고 있음을 보여주면 좋은 인상을 받게 된다.

19. 비판을 하기 이전에 우선 상대방이 듣고 싶어 하는 말을 먼저 하라.

대화를 하다 보면 반론을 제기하거나 비판을 해야 할 때가 있다. 그럴 때엔 먼저 호의적인 말이나 공감되는 부분을 피력한 다음에 자신의 의견을 개진한다.

20. 대화하기에 적당한 환경을 조성하라.

어떤 환경에서 대화를 하느냐에 따라서 대화가 순조롭기도 하고 불협화음을 일으키기도 한다. 대화하기 전에 먼저 대화의 환경을 조성하라.

CHAPTER 33

실패를 부르는
마이너스 이미지 메이킹 10가지

호감을 주는 이미지 메이킹이 있다면 자신의 이미지를 깎아내리는 마이너스 이미지 메이킹이 있다. 누군가에게 나쁜 이미지로 각인시키고 싶다면 아래 사항들을 실천하라. 어느 날부터 아무도 당신을 찾지 않고 당신은 철저하게 고립당할 것이다.

1. 반말 투의 말을 즐겨 쓴다.

조금 친해졌다 싶으면 말부터 놓는다. 그리고 "우리 사이에 뭐." 하는 말로 함부로 대한다.

2. 단호한 것과 공격적인 것을 혼동한다.

당당하고 자신감 있는 표현이라는 미명 하에 공격적이고 거친 태도를 갖는다.

3. 자신의 능력을 과장한다.

상대방에게 자신을 어필하기 위해 자신의 능력이나 처지를 과장해서 보여준다.

4. 칭찬과 배려를 남발한다.

상대방에게 호감을 얻기 위해 진실성이 없는 칭찬을 남발하고 쓸데없는 배려로 상대방을 부담스럽게 한다.

5. 몽상가적인 대화를 하라.

대화 내내 비현실적인 이야기와 허황된 이야기를 늘어놓아 상대방으로 하여금 대화가 무의미했다고 여기게 한다.

6. 금방 탄로 날 거짓말을 한다.

당장 이야기를 흥미 있게 진행시키기 위해 금방 드러날 거짓말을 한다.

7. 첫 만남에서 상대방의 단점부터 늘어놓는다.

자신의 안목을 인정받기 위해서 처음 만났거나 만난 지 얼마 안 된 사람에게 자기가 느낀 단점부터 늘어놓아 상대를 불쾌하게 한다.

8. 대화에 열중하지 않는다.

상대의 물음에 별 생각 없이 뻔한 대답으로 일관하고 눈길조차 마주치지 않음으로써 대화가 이어지는 걸 방해한다.

9. 부정적인 말과 불평불만을 늘어놓는다.

상대방의 관심을 불러일으키기 위해 불평불만을 늘어놓거나 부정적인 단어를 사용하여 상대방의 기억에 부정적인 이미지를 남긴다.

10. 나를 부각시키기 위하여 상대방을 비하한다.

상대방에게 내가 얼마나 잘났는지 각인시킬 요량으로 자화자찬을 늘어놓고 상대방에 대해서는 비하 발언을 일삼는다.

CHAPTER 34

성공을 부르는
플러스 이미지 메이킹 20가지

일상의 사소한 노력이 곧 당신의 좋은 이미지를 만든다. 잘 보이고
싶다면 나에게 플러스가 되는 행동을 하라.

1. 나의 가치를 과소평가하지 않는다.

나의 가치를 과소평가하는 순간 나의 능력은 그만큼 축소된다. 나
의 가치는 무한하며 충분한 능력이 있다고 자신을 믿는다.

2. 자신의 단점을 함부로 드러내지 마라.

누구에게나 단점은 있다. 그러나 상대에게 그것을 노출시키는 것
은 좋지 않다. 경우에 따라서 약점으로 이용당하는 빌미를 제공한다.

3. 상대방에게 마음에서 우러나오는 호감의 눈길을 가져라.

마음에서 우러나오지 않는 겉치레 인사는 상대의 마음을 움직이지 못한다. 상대와 진심으로 유대감을 갖고 싶다면 마음에서 우러나오는 호의로 대하라.

4. 상대에게 상처 받았으면 상처 받았음을 표현하라.

인간관계에서 때론 상처를 주기도 하고 때론 상처를 받기도 한다. 만약에 상대가 나에게 상처를 주었다면 무엇 때문이었는지 명확하게 밝혀라. 그대로 덮어두고서는 결코 좋은 관계로 나아갈 수 없다.

5. 나를 당당하게 표현하는 기술을 익히자.

자신의 의사를 분명하게 밝히되, 세련되고 품위 있게 드러낸다면 상대로부터 훨씬 더 호감을 얻을 수 있다.

6. 성공하는 모습을 마음속에 그려라.

성공은 그것을 꿈꾸고 열망하는 데서부터 시작한다. 자신이 원하는 성공의 모습을 구체적으로 상상하고 구체적으로 열망하라.

7. 긍정적인 자기암시로 하루를 시작하라.

하루의 시작을 자신에 대한 긍정적이고 희망찬 말들로 시작한다. 자기에게 어떤 목표가 있고, 현재 어떤 노력을 하고 있으며, 꼭 이루어낼 수 있다는 긍정의 말을 스스로에게 한다.

8. 매사에 긍정적이고 적극적으로 행동하라.

소극적이고 부정적인 사람은 그 결과도 부정적이다. 무슨 일을 하든지 어디에 있든지 적극적이고 긍정적으로 행동하는 사람은 이미 성공에 반쯤 도달한 사람이다.

9. 단기적/장기적으로 자신의 목표를 세워라.

목표가 없으면 항로를 잃은 배와 같은 게 인생이다. 자신의 인생에서 반드시 목표를 설정하되 장기적인 것과 단기적인 것을 구별하여 구체적으로 설정한다.

10. 가슴을 펴고 당당하게 활기찬 자세로 걷자.

성공하는 사람과 실패하는 사람은 서 있는 자세만 보고도 알 수 있다. 당당하고 자신감 넘치는 자세는 성공을 부르지만, 웅크리고 구부정한 자세는 실패를 부른다.

11. 다른 사람과 나를 비교하지 않는다.

사람마다 환경도 개성도 제각각이다. 타인과 비교하려 들다 보면 한도 끝도 없다. 쓸데없는 비교로 울고 웃고 하다 보면 세월만 가게 마련이다.

12. 대화의 시작을 미소로 하라.

타인과의 만남에서 기분 좋은 미소는 백 마디의 말보다 더 긍정적인 영향을 미친다. 상대방을 향해 진심을 담아 환하게 웃어 보이는 순간 그 대화의 핸들은 당신이 쥐게 되는 것이다.

13. 지금 이 순간이 가장 행복한 순간임을 명심하라.

오늘 이 순간을 만족하지 않는 사람은 결코 내일에도 만족할 수 없다. 오늘이 나에게 주어진 가장 행복한 시간이라고 생각하며 열정적으로 하루를 살 때 내일의 행복도 찾아온다.

14. 하루의 시작을 긍정적이고 즐거운 마음으로 시작하라.

아침에 눈을 뜨면서 "아, 지긋지긋한 하루가 또 시작되었구나." 하는 사람은 그 하루가 길고 지겹기만 하고, "자, 해피하고 아름다운 하루의 시작이야."라고 하는 사람은 자신의 말과 같이 행복한 하루를 보낼 것이다.

15. 선택도 내가 결정도 내가 한다는 걸 기억하라.

내 인생의 주역은 나이다. 아무도 나를 대신해서 내 인생을 대신 살아주지도 않고, 나를 대신해서 고민해주지도 않는다. 어떤 일이 닥쳤을 때 그것에 대한 판단과 결정은 나밖에 할 사람이 없음을 기억하라.

16. 나만의 스타일을 연출한다.

나를 나답게 하는 것은 나만의 세련되고 개성 있는 차림과 태도,

가치관, 화법 등등이다. 특히 나의 외적 이미지는 나란 사람의 특성을 고스란히 보여주는 것이므로 너무 튀지 않고 경박하지 않게 나만의 스타일을 연출한다.

17. 상대방을 인정하고 좋은 점을 찾아 칭찬해주라.

다른 사람을 칭찬할 줄 아는 사람이 자신도 칭찬받는다. 누구나 칭찬을 받을 부분 하나씩은 다 가지고 있다. 상대방의 장점을 발견해서 부각시켜 주고 칭찬에 인색하지 않은 사람은 어디에서든지 환영받고 칭찬받는다.

18. 상대방의 입장에서 생각해보라.

다른 사람에게 이해받으려고 하기 이전에 내가 먼저 상대방의 입장에서 생각해보라. 그렇게 되면 상대방이 나에게 하는 말과 행동을 더 많이 이해하고 배려하게 된다. 그러면 그 사람은 당신의 적극적인 협조자가 될 것이다.

19. 자기 일에 철저하게 전문가가 되라.

자기가 하고 있는 일에 "잘 모르겠는데."라고 말하는 사람은 무능하고 게으른 사람이다. 자기 일에 관한 한 수동적으로 일하지 말고 적극적인 탐구자가 되라.

20. 상황에 따른 적절한 유머와 애창곡을 준비하라.

늘 진지하기만 한 사람은 때론 피곤하다. 분위기에 따라 적당히 어울릴 줄도 알고 유머감각도 있으며, 노래방에서 멋들어지게 애창곡 하나쯤은 부를 수 있다면 그 사람의 주변엔 적이 없다.

CHAPTER 35

고객을 사로잡는
서비스 이미지 메이킹 22가지

벨 사우스는 1984년에 미국에서 설립된 거대 통신회사이다. 벨 사우스에서는 고객 만족을 위해 서비스를 제공한 뒤 반드시 3일 안에 전화를 해서 "어떻습니까? 서비스에 만족은 하십니까?"라는 질문을 한다고 한다.

이런 작은 배려로 인해 벨 사우스는 고객의 만족도를 40% 이상 높일 수 있었다고 한다. 벨 사우스의 이런 고객 감동 서비스는 다른 기업들에게까지 영향을 미쳐 현재 많은 기업들이 이런 서비스를 실시하고 있다.

결국 기업의 성공 유무는 고객을 얼마나 감동시키느냐에 있는 것이다. 현장에서 어떤 서비스와 기업의 이미지를 남기느냐가 관건인 셈이다. 다음은 고객의 감동을 부르는 서비스 이미지 메이킹이다.

1. 고객의 이야기(불만)를 경청하고 위신을 세워준다.

고객이 찾아왔다면 분명 하고 싶은 말이 있어서다. 그것이 설령 당신과 상관없는 이야기라 할지라도 말이 끝나기도 전에 "다른 데 가서 알아보시죠!" 하면서 무안을 주지 않는다. 고객은 자신의 이야기를 끝까지 들어주는 것만으로도 충분한 서비스를 받았다고 생각할지 모른다.

2. 얼굴 전체의 미소와 밝은 표정을 유지한다.

고객을 대하는 사람들은 자신이 그 기업을 대표하는 얼굴이라는 생각을 잊지 말아야 한다. 그렇다고 마음에도 없이 억지웃음을 짓고 있다면 고객의 눈도 편하지 않다. 자신이 그 회사의 주인이라는 의식으로 고객을 바라보면 자연스럽게 미소가 우러나올 것이다.

3. 고객에게 지친 표정을 드러내지 않는다.

현장에서 일하다 보면 다리도 아프고 피곤하게 마련이다. 그럴 때 고객이 찾아오면 그 여파를 고스란히 고객에게 돌리는 직원이 있다. 퉁명스럽고 피로에 찌든 얼굴로 "왜요?" 하고 묻는 순간 고객의 마음은 십 리 밖으로 달아나게 된다.

4. 고객에게 비굴하게 굴지 않는다. 소신 있는 태도를 유지한다.

고객에게 친절한 것과 비굴한 것은 다르다. 친절을 가장하여 필요 이상 쩔쩔맨다거나 비굴한 태도를 보이는 것은 기업의 이미지만 추

락시킬 뿐이다. 친절과 예의를 지키되 소신 있는 태도를 잃지 않아야
한다.

5. 당당하고 멋진 자세로 대한다.

고객을 직접 대하는 사람은 늘 당당하고 멋진 자세를 하고 있어야
한다. 의자에 비스듬히 앉아 있거나 졸거나 전화로 수다를 떨고 있거
나, 동료들과 잡담을 하는 모습은 고객들에게 좋은 인상을 주지 못한
다. 늘 정돈된 자세로 고객들을 위해서 존재한다는 걸 주지시켜야
한다.

6. 고객에게 다른 고객의 험담을 하지 않는다.

고객의 사생활이나 인격은 최대한 존중해줘야 한다. 설령 다른 고
객과 마찰이 있었다 하더라도 또 다른 고객에게 불만을 늘어놓거나
험담을 하면 안 된다. 그걸 보면서 고객들은 자신도 뒤에서 그런 대
접을 받게 될 거라는 불신을 갖게 된다.

7. 고객의 감정 상태를 공유하라.

고객의 감정 상태를 읽는 것은 대화를 위해서 필수이다. 고객의 감
정이 다소 침울해 있다면 조용하고 차분하게, 반면에 고객의 감정이
다소 들뜨고 흥분되어 있다면 함께 그 감정을 공유하면서 유지시켜
주는 게 좋다.

8. 고객의 시간을 존중해준다.

고객에게 친절을 제공한다고 고객의 시간을 함부로 소모시키면 안된다. 상품 설명을 한답시고 이것저것 긴 설명을 늘어놓다가는 고객은 지쳐서 달아나게 될 것이다. 친절함을 유지하면서 고객이 원하고자 하는 서비스를 최대한 신속하게 처리해준다.

9. 정확한 정보를 제공하기 위한 전문 지식을 쌓는다.

고객의 다양한 질문에 대비하여 자신이 맡고 있는 일과 관련한 전문 지식을 갖춘다. 아주 사소한 물음에도 매번 "그건 제 담당이 아니라서요. 회사에 직접 물어보시죠." 하는 것보다는 "제 담당은 아니지만 제가 알기로는 말이죠……." 하면서 해결책을 찾아준다면 고객 감동은 절로 찾아온다.

10. 고객의 이름 또는 얼굴을 기억해준다.

고객에 대해 관심을 갖고 대한다. 얼굴이나 이름을 기억해두었다가 다시 찾아왔을 때 "지난번에 이런저런 일로 오셨었지요? 오늘은 무슨 일로?"라고 관심을 보인다면 그 고객은 당신의 단골이 될 것이다.

11. 고객 중심의 서비스를 한다.

고객을 대상으로 일을 하는 사람은 모든 일의 중심에 고객이 있어야 한다. 회사의 입장에서 회사의 이익에 집중하여 일을 처리하려 하면 고객의 불만이 쌓이고 그 여파는 고스란히 회사로 돌아간다. 따라서 모든 서비스의 중심에는 회사가 아닌 고객이 있어야 한다.

12. 고객과의 약속은 꼭 지킨다.

고객과 어떤 약속을 했다면 그 약속은 개인이 한 약속이 아닌 회사를 대표하는 약속이다. 따라서 그 약속을 지키지 못하는 것은 회사의 이미지를 불신하게 만드는 것이다. 고객과의 약속은 꼭 지켜주어야 하며, 만약에 불가피하게 지키지 못하게 되었을 때에는 왜 그 약속을 못 지키게 되었는지를 분명하게 설명하고 정중하게 양해를 구해야 한다.

13. 잘못을 고객의 탓으로 돌리지 않는다.

어떤 문제가 야기되었을 때 결코 그 탓을 고객에게로 돌리지 않는다. 설령 고객의 사소한 착오나 실수로 비롯된 문제라 하더라도 고객을 원망하지 않는다. 고객이 자신의 실수나 착오를 인정하는 발언을 하게 되면 "그러게 말이에요. 고객님이 잘못해서……." 하는 말보다는 "아닙니다. 충분히 그러실 수 있는 사안이죠." 라고 말해준다.

14. 신뢰감을 주기 위한 스타일을 연출한다.

고객을 대하는 사람은 자신의 취향대로만 자신의 외모를 꾸며선 안 된다. 고객에게 혐오감을 주거나 불쾌감을 줄 수 있는 스타일, 회사의 이미지를 부정적으로 만들 수 있는 스타일은 금물이다. 고객에게 신뢰감을 주고 호감을 얻을 수 있는 스타일로 자신을 연출한다.

15. 고객의 자유를 침범하지 않는다.

고객이 무엇을 원하는지 혹은 아무것도 원하지 않는지 하는 정도의 분위기는 재빠르게 간파할 줄 알아야 한다. 어떤 고객은 재빠르게 달려와서 "무엇을 원하시나요?" 하고 묻기를 바라지만, 또 어떤 고객은 천천히 자기만의 시간을 즐기며 생각할 시간이 필요한지도 모른다.

16. 고객을 칭찬하기 위한 기회를 포착하라.

고객과의 대면에서 적당한 순간에 고객에게 긍정적인 말이나 호의적인 말을 해서 유쾌하게 만들어줄 필요가 있다. 고객으로부터 웃음을 이끌어내는 것도 고객 서비스 중 하나이다. 그러나 고객을 기분 좋게 할 생각으로 아부성 발언을 남발하는 것은 오히려 믿음을 갖지 못하게 한다.

17. 부드럽고 상냥하게, 자신 있고 명확하게 말하라.

고객이 알고자 하는 내용을 설명할 때는 예의를 갖추고 상냥하고 이해하기 쉽게 설명한다. 때론 같은 대답을 반복해야 할 때도 있지만, 그 고객에게는 처음의 물음인 만큼 최선을 다해 만족할 답변을 해준다.

18. 부정적인 말도 긍정적인 표현으로 고쳐서 한다.

가능하면 고객에게 부정적인 문장을 쓰지 않는다. 같은 내용을 담고 있더라도 긍정적인 표현으로 돌려 말하는 것이 고객의 인상에 부정적인 이미지를 남기지 않는다.

19. 깍듯한 경어보다 정중한 태도가 더 중요하다.

경어를 사용하는 건 중요하다. 그러나 입으로만 경어를 쓰고 있다고 고객이 존중받고 있다고 생각하지는 않는다. 마음에서 우러나오는 정중한 태도와 표정이 함께 따라주어야 고객은 비로소 자신이 존중받고 있다고 믿는다.

20. 찾아온 고객에겐 반드시 기쁨을 주겠다는 생각을 한다.

어떤 고객이든 자신에게 찾아온 이상 만족을 주어 돌아가게 하겠다는 생각으로 모든 고객을 대한다. 한 사람의 고객은 열 사람, 백 사람의 입과 귀로 연결되어 있다. 그러므로 한 명의 고객이 만족해서 돌아가면 수십 배, 수백 배의 고객으로 찾아오는 법이다.

CHAPTER 36

인정받는 직장인의 매너 수칙 25가지

직장생활을 오래 하다 보면 매너리즘에 빠지게 된다. 그래서 자신도 모르게 해이해져서 무례한 행동을 하여 주변과 마찰을 빚기도 한다. 1년을 다녔든 10년을 다녔든 직장은 직장이라는 사실을 잊지 말아야 한다.

직장에서 능력을 발휘하는 것도 좋지만 사소한 것들에 있어서 예의를 잃지 않는 게 기본이다. 늘 한결같은 매너를 유지하는 사람은 동료나 선후배로부터 신망을 얻게 되고, 그것은 곧 그 사람의 업무 평가와 연결된다. 직장에서 인정받고 싶다면 작은 것부터 실천하고 지켜라.

1. 인사는 즉각적으로, 진심을 담아서 한다.

2. 명함은 늘 소지하고 다닌다.

3. 절대 지각하지 않는다.

4. 업무 지시를 받으면 반드시 내용을 확인한다.

5. 보고는 결론부터 간단명료하게 하라.

6. 상사나 선배에 대한 호칭과 경어에 주의한다.

7. 나이가 적은 선배나 여직원에게 함부로 대하지 않는다.

8. 인색한 짠돌이, 짠순이가 되지 않는다.

9. 한결같은 성품을 유지한다.

10. 부름에 신속히 반응한다.

11. 외모를 단정하게 한다.

12. 자신이 먹기 전에 상대에게 권한다.

13. 퇴근 시 조용히 사라지지 않는다.

14. 악수하는 습관을 익힌다.

15. 바른 자세와 당당함을 유지한다.

16. 미소를 자주 보여준다.

17. 말을 하기보다 말을 잘 들어준다.

18. 의사 표현을 분명하게 한다.

19. 유머를 잃지 않는다.

20. 시선을 자주 마주친다.

21. 열정적으로 일하는 모습을 보인다.

22. 주위 사람들과 부드럽게 화합한다.

23. 분위기 파악을 잘해서 그에 맞는 행동을 한다.

24. 부드러운 음성으로 밝게 이야기를 한다.

25. 단정한 외모를 유지한다.

긍정과 열정의 삶을 배운다

희망학교

1판 1쇄 인쇄 | 2007년 3월 20일
1판 1쇄 발행 | 2007년 4월 10일

지은이 김미희
펴낸곳 크레벤지식서비스(한스컨텐츠(주)) | **펴낸이** 최준석

주소 서울시 마포구 서교동 468-31 201호
전화 02-322-7970 | **팩스** 02-322-0058
출판신고번호 제 313-2006-000107호 | **신고일자** 2006년 5월 15일

ISBN 978-89-92245-03-6 03320